속에서 바라본 조선, 기생 이야기

裏から覗いた朝鮮 妓生物語

한국근대 민속·인류학자료 번역총서 7

근대문화사 읽기로서

조선기생 관찰기

妓生物語

지음 요시카와 헤스이
옮김 김일권 · 이에나가 유코

민속원

　예부터 세상에는 자기도취와 창기猖氣가 없는 사람은 있어도 색기色氣와 식욕이 없는 인간은 생각건대 드물다고 일컬어집니다만 맹자도 "식색食色은 인간의 본성이다."라고 말했듯이 누구도 여기에 이의를 제기하지 못할 듯합니다.

　이 책은 우리 반도의 색, 식의 중추라 할 수 있는 기생과 조선 요리를 비롯해 일반적인 염소부艶笑婦, 성적 관습에 관해 예부터 전해 내려오는 문헌, 인구에 회자膾炙되는 이야기 또는 지금도 관행인 사실 등, 수많은 자료 중에서 적절하게 취사 안배한 것으로 주로 선배들이 남긴 자취를 집록하는 데 전념하였고 그저 약소하나마 저의 천박한 경험에 기인하는 소견을 덧붙임으로써 어설프게나마 하나로 정리한 것입니다. 만약 이 다방면에 걸친 자료를 이용하여 일관적인 문학적 표현을 끄집어낼 만한 글재주가 있고, 또 번거로운 일에 물리지 않을 여유가 있다면 반드시 조선 색기의 농후하면서도 게다가 흥미진진한 애독서를 저술할 수 있을 거라 믿습니다만 불초 미력하여 도저히 그 임무에 어울리지 않아, 감히 잘난 척 하지 않고 붓이 가는 대로 평범한 서술을 시도하는데 그쳤습니다. 특히 졸고의 전반부인 기생과 조선요리는 제가 생각해도 아쉬움이 많이 남습니다.

　조선 및 조선인을 말하기 위해 재료를 정치, 산업, 교육 등에서 취하지 않고 가장 비속한 화류계의 여성과 주식酒食, 내방을 슬쩍 엿보는 데 의존한 것은 심히 기괴하다는 의견도 있을 듯합니다만 그것은 반드시 저자의 온건파적이면서 엽기적인 취향이

가져온 결과가 아니라 오로지 과거 이 방면에 관한 잘 정리된 통속서가 부족했던 게 죄입니다. 실제로 조선의 대표적인 명물로까지 추앙받는 기생의 경우에도 떠들썩하게 자랑거리로 삼으면서 일단 그에 관한 책을 여행담의 재료로 요구하면 갑자기 결함을 노출하여 난해한 조선문이나 점잔 빼는 문헌 외에는 대개 단편적인 것뿐이며, 그도 그리 많지 않습니다. 하물며 조선요리와 조선인의 성생활 등에 대해 조금이나마 참고할 만한 책은 전무에 가깝습니다. 그래서 조잡하나마 본서가 이 간극을 채우고 기생을 알고 싶은 내지의 여행객과 이를 설명하고 싶은 조선의 여러 점잖은 분들에게 다소나마 도움이 되기를 바라는 동시에 색식을 기조로 하는 적나라한 조선이 내지인의 앞에 펼쳐짐으로써 인정의 기미에 얽혀 있는 일종의 사회적 장벽이 제거된다면 저자로서는 망외의 기쁨이 아닐 수 없습니다.

조선의 속담 중 '양주 목사를 10년이나 하면서 밤 한 톨도 먹지 못한다.'는 말이 있습니다. 밤의 명산지의 수령이면서 자신은 그 열매를 한 입도 먹지 못한다는 뜻으로, 일본의 속담으로는 '염색집에서 흰 옷을 입는다.'에 해당합니다만 저자도 문필 작업의 허드렛일에 오랜 세월 종사해온 관계로 밤낮으로 졸문을 쓰든가 교정의 붉은 잉크와 씨름하는 생활을 이어오고 있으면서도 제 이름으로 된 책을 들자면 과거 『조선의 종교』를 출판한 이래, 학생용 참고 서적이나 유행에 편승한 소책자 외에는 한 번도 책다운 책을 상재하지 못했습니다. 그런 연유로 이 졸저가 책으로서 세상의 빛을 보는 것이 진심으로 기쁘며 또한 졸서의 내용에서 본 자신의 심정 변화에 가벼운 이단적인 아이러니를 느낍니다.

　어쨌든 쓰고 싶었던 사항에 대해 다방면의 자료를 수집했다는 점만을 자화자찬으로 삼으며 얼마간의 고심을 평가하여 주시면 그것으로 족합니다. 또한 본서가 출판되기까지 벗들로부터 많은 도움을 받은 점 이 지면을 통해 고마움을 전합니다.

쇼와 8(1933)년 봄

저자 적다

한국민속 연구에서 일제시기 풍속의 변화상을 살펴본다는 일은 근대 한국인의 일상생활문화를 고찰하는 일이면서, 굴절된 한국 근대사의 이면을 들여다보는 일이다. 광복을 맞은 지 어느덧 70년이 다 되어가는 21세기 한국사회로서 이 시기의 모순성을 극복하는 일환으로 되려 일제시기에 저작된 수많은 저작물에 대한 다양한 번역과 이해를 이제는 요청하고 있다.

송나라 변법학파 왕안석王安石이 "풍속의 변화는 백성의 뜻을 물들여 옮기게 하고, 융성과 쇠퇴에 관계한다風俗之變, 遷染民志, 關之盛衰."라고 하였던 바, 시대가 변하면 그에 따라 사회의 풍속도 함께 변하기 마련은 역사전개의 원리이기도 하므로, 일제시기 변동된 풍속의 양상을 들여다봄에 주저할 이유가 별달리 있지가 않다.

본 역서의 저본이 된 요시카와 헤스이吉川萍水의『기생물어妓生物語』는 일제시기 일본인의 시선으로 살펴본 조선 기생의 관찰기 성격을 가진다. 기생이란 주제 자체가 성적으로 희화화되는 면이 있고, 식민지배자인 일본인이 썼다는 점으로 인해 편하지 않은 책읽기가 설정될 수가 있다. 하지만 주류사회보다 사회주변부 내지 기층사회의 풍속변화에 관심을 두어 민民의 속俗을 연구하는 민속학으로서 이러한 기생의 근대적 문화양상을 읽는다는 것은 학문적 정당성 범주에 포괄된다.

기생은 근대사회가 낳은 새로운 자유민 계층이다. 그 이전 조선시대에는 기녀라는 관비제도로 존속되었고, 지금 21세기 현대사회에서는 더 이상 만날 수가 없는 계층이기에, 기생은 분명 20세기 길목에서 만난 새로운 문화변동의 산물에 지나지 않는다.

이런 관점에서 본다면 기녀에서 기생으로의 변화는 시대의 산물이면서 풍속변동의 결과물인 것이다. 바로 왕안석이 말한 바 있듯이 시대의 성쇠와 풍속의 변화가 서로 연동되는 기제임을 우리는 이 책을 통해서 다시 한번 확인하게 된다.

옛 일본어로 되어 있기도 하고, 일제의 저작물이라 그다지 주목되지 않았던 이 책의 번역서는 한국학중앙연구원 민속학전공에서 『북촌 한옥마을의 서울학적 연구』(2011.2)로 문학박사학위를 받은 이에나가 유코家永祐子 박사와 공동 번역으로, 본인은 지도교수라는 인연으로 본 역서에 참여한 바가 되었다.

지난 해 우리는 일제시기 전후에 씌여진 조선 문화 관련 일본인 저록물을 선별하여 매년 번역서로 출간하는 것에 마음을 모았다. 본 『기생물어』는 그 번역기획의 첫 결과물이다.

본 역서에 잘못되고 부족한 점은 전적으로 아직 근대문화사 연구에 미흡한 역자의 책임이다. 독자제현의 질정을 겸허히 받아들이려 한다. 본 역서의 출간을 허락하고 많은 도움을 주신 민속원 홍기원 회장님께 거듭 감사의 말씀을 올린다.

2013. 10. 5.
김일권

妓 生 物 語

차례

妓 生 物 語

妓 生 物 語

妓 生 物 語

해제

김일권

解題
─────────────

문화의 물리학과 근대사 독법
기생에 관한 두 가지 책, 『조선해어화사』와 『기생물어』
근대문화사 읽기로서의 『기생물어』

문화 물리학과
조선기생 이야기

1. 문화의 물리학과 근대사 독법

*

자연에 존재하는 자연물은 자연의 물리적 법칙을 따라 움직인다. 계절에 따라 색을 달리 입는 초록빛 산하가 그러하고, 돌돌돌 굽이굽이 흘러가는 물길이 그러하다. 사람이 살아가면서 수를 놓는 각종의 문화양태를 관찰하다보면, 이들 문화현상도 때로는 돌아가고 때로는 대하처럼 구비치는 모습을 보게 된다. 바위나 산을 만나면 에돌아가고 완만한 지형을 만나면 유유자적 품격있는 양태를 만들어내는 모양이 자연만이 아니라 문화에도 나름의 물리학이 존재함을 짐작한다.

나는 문화의 생성과 소멸, 존속과 변동에 영향을 끼치는 각종 문화 인자와 변수들을 고찰하고 계통화하고, 논점화하여, 이해 가능한 형태로 재구성하는 작업을 문화의 물리학이라 부를 수 있지 않을까 한다.

문화란 사람이 만드는 것이고 그 문화의 향유와 전승에 내가 인자로서 참여하고 있기에 내가 나를 말하는 것에 자유롭기 어렵지만, 문화의 생성과 변화를 비감성적인 물리학 관점으로 들어가다 보면 보다 무심한 자리에서 바라보는 여유를 가질 수 있으리라 믿는다.

우리 한국사에서 근대란 그 어느 시기보다 양가적인 감정이 증폭되는 지점이다. 스스로 지닌 내부 동력으로 근대를 생성하지 못하였고 타자에 의해 근대가 열리는 수동적 경험을 가진 우리가 근대문화사의 변동을 해석함에 시선의 굴절과 복합성은 불가피하다.

멀게는 19세기 전반을 이끈 순조조(1800~1834)와 헌종조(1834~1849) 및 중반의 철종조(1849~1863) 연간부터 근대로부터의 손짓이 감지되었고, 가깝게는 19세기 후반 무려 43년간을 재위한 고종(1863~1907) 연간에 요동치는 근대의 물결을 경험하였지만, 끝내는 일제에 의한 강압적인 한일병합으로 굴욕의 시련으로 돌아선 탓에 우리 사회가 가진 근대의 인식은 상당히 흑백적이고, 이념적이며, 감정적인 시선에서 자유롭지 못하다. 하지만 미국인 페리 제독에 의해 강제 개방(1853)을 당한 일본보다 겨우 13년 늦은 병인양요(고종 3, 1866)로 서양과의 접변이 시작되었고 이로부터 근 50년간의 준비기간이 주어졌음에도 불구하고 스스로의 동력을 이루지 못한 우리 내부에 대한 성찰에 더욱 진지하고 철저하여야하지 않을까 한다.

또한 문화란 주어진 환경 내지 변모하는 시대 환경에 부단히 적응하는 과정이기도 하다. 이 문화적응의 측면에서 사람들이 반응하는 방식은 다분히 문화물리학적이다. 이 시기에 가장 크게 작용하는 물리학적 문화인자는 제도변화라 이를 수 있고, 다음 근대적 문물의 도입과 향유를 꼽을 수 있으며, 여기에 개인의 자유와 세계관의 변모라는 근대적 사유의 신장이 상승작용하면서 지난 오백년간 조선을 이끌어왔던 모든 문화 문물의 변혁을 야기하였다 할 수 있다. 비록 일제의 통감부와 총독부로 이어지는 강압 통치로 국권을 잃고 암울한 시대를 맞이하였지만 그 시대를 살아가는 보통의 사람들은 새롭게 적용된 문화인자의 변화에 충실하게 따르고 적응하고자 하였다.

＊＊

 본 역서의 주제가 되는 기생의 경우도 그런 문화물리학 법칙에 따라 부단히 변모한 문화변동의 산물이기도 하다. 주지하듯이, 제도변화 측면에서 갑오개혁(고종 31, 1894)으로 신분제가 폐지되었고, 이 때 반상의 존비尊卑 뿐만 아니라 노비와 기생의 제도도 공식적으로 혁파되었다. 이 물결을 타고 15년을 지난 1908년에는 경시청 포고령으로 모든 기생들이 조합에 가입해야 영업인가를 받을 수 있다는 '기생단속령'이 발포되었고, 이로부터 갑오개혁 이후 흩어졌던 관기 출신들의 기생들이 모여 기생조합이라는 근대적 조직을 만들었으며, 이 때 조선시대 신분제에 매여 관의 통제를 받았던 관기 대신에 이윤을 목적으로 영업을 하는 근대적 관점의 직업군으로서 기생이라는 새로운 계층이 창출되었다.

 이 새로운 기생 계층들이 20세기 전반기 동안 근대라는 환경 속에서 매우 다양한 형태로 자신의 사회적 역할과 자리를 개척해 나간 것은 전적으로 신분제 탈피와 자유적 존재라는 문화물리학적 인자의 변화로 말미암은 운동의 방향이라 할 것이다. 근대시기 기생에 관한 연구가 다음처럼 다양한 것은 이들이 지닌 운동의 결과물일 것인바, 첫째는 근대적 예인으로 주목하는 측면으로, 여악女樂에 관련한 전통음악사 내지 전통무용사 측면에서 이뤄졌고, 둘째는 대중매체발달 이전에 근대적 대중음악이나 연예인 계보를 잇는 대중공연문화의 신장 측면에서, 셋째는 일제의 근대 공창제도에 관련한 사회사 측면에서, 넷째는 식민지 관광산업이나 성애적性愛的 상업 및 조선적 요리점 등에 관련한 근대 유흥산업 측면에서 접근되어 왔다. 여기에 하나를 덧붙이자면, 근대문화사 변동의 저변에 묻혀 있는 주변인 내지 보통문화자로서의 민속학적 연구가 활성화되기를 기대할 수 있다.

 기생 연구가 어려운 것은 자료의 미비 측면 뿐만 아니라 엄연히 우리 사회의 한 변을 견지하고 있으면서도 신분적 성적 타자로서 스스로 자기서사의 주체일 수 없었던 주변적 존재로 말미암는다(서지영, 2005). 전통시대 민속 연구의 주된 대상이 되는 민중

계층도 그가 지닌 사회적 역할에 비해 신분적 피지배적 타자로서 자기서사의 주체로서 기록을 생성하지 못하였던 한계와도 상통한다. 이런 한계는 민속학과 종교학 및 국문학에서 공히 주목을 하였던 무속 연구에도 적용된다. 무속인들은 스스로 무속의 경전을 만들지 않고 도교나 불교에서 빌어다 썼으며, 황해민요나 경기민요, 남도민요 등 민요가락에 큰 영향을 끼쳤음에도 음악이론을 남기지 않았다.

***

이런 점에서 한말일제시기 지식인으로 근대 종교학자요 민속학자요 불교학자인 무능거사 이능화(1868~1945)가 『조선여속고朝鮮女俗考』(1926)에 이어 『조선해어화사朝鮮解語花史』(1927)를 펴내고 다시 『조선도교사朝鮮道敎史』(1928)와 『조선무속고朝鮮巫俗考』(1929)를 연달아 출간한 것은 시사하는 바가 적지 않다. 이 네 책의 서사 주체들인 여성, 기생, 무속, 도교가 모두 조선조 성리학 사회에서 주류에 편입하지 못하였던 주변문화자들이기 때문이다. 아마도 이능화는 암울한 일제의 지배하에 불가피하게 살아가면서도 민족문화의 정체성과 변혁의 힘을 기층문화자들에게서 찾으려 하였던 것은 아닐까 한다. 『백교회통百敎會通』(1912)으로 시작하여, 불교사를 정리한 『조선불교통사』(1918)・『조선불교사』(1926)와 단군 역사를 다룬 『신교원류고神敎原流考』(1923) 및 기독교에 관한 최초의 책인 『조선기독교급외교사』(1928)와 『조선종교사』(1937) 등 한국종교사의 수립에 힘을 쏟았던 그가 조선의 여성과 기생에도 크게 관심을 두어 보통사람들의 역사에 적지 않은 의미를 부여하였던 것이다.

일제시기 백성民의 풍속학俗으로 번역된 민속학folkloristics이 21세기 현재에 와서는 전근대적 계급 관점의 백성 내지 민중 대신에 보통사람들의 문화학 연구로 재정립하려는 움직임에 비춘다면, 이능화가 시도한 일련의 연구들은 매우 선구적인 민속학자로서 접근된 연구서들이라 할 수 있다. 그가 30년대 들어 『조선상제례속사』(1930), 『풍수사상연구』(1931), 『조선의학발달사』(1931) 등을 속간한 것도 이러한 저변의 민속문화가 지닌 원천을 확인하고자 하였기 때문일 것이다.

근대시기를 살아간 이들 보통사람들에게서 외부적 타자란 문화변동을 야기하는 또 하나의 물리적 인자일 뿐 자신들을 대변하는 감정적 대립자는 아니다. 쏟아지는 근대의 문물 속에서 보통의 사람들이 어떻게 새로운 환경에 변모하면서 적응하였는가 하는 다분히 무심한 문화물리학 관점으로 바라 볼 필요도 있다.

문화의 변화가 대개는 점진적이지만 때로 가파른 변곡점을 지닌다. 2000년대를 살아가는 오늘날에 우리가 이미 기생을 만나지 못하듯이, 지난 한말일제하라는 근대시기는 갑오개혁이 낳은 변곡점에 대한 운동결과인 것이다. 21세기에 들어서 다시 호주제의 폐지(2008.1.1.)라는 제도변화를 경험하고 있으며, 이 문화인자의 변화가 앞으로 우리 사회를 어떤 문화물리학으로 이끌어낼지 예측하기 힘들다. 이 문화물리학에 열정적으로 대응하여 다변화하는 원천이 다름아닌 우리 사회가 지닌 스스로의 동력이 아닐까 한다.

2. 기생에 관한 두 가지 책,
『조선해어화사』와 『기생물어』

일제시기 기생에 관한 저술로 조선인 이능화가 쓴 『조선해어화사』(1927)가 최초이며, 5년 뒤 일본인 요시카와 헤스이吉川萍水가 『기생물어』(1932)를 저작하였다. 후자의 책에 전자가 언급되어 있으므로 어느 정도 참조하였음은 분명하나, 사실 두 책은 여러 점에서 대비되며 상호 보완적이라 할 만큼 다른 필력을 담고 있다.

기생을 일컫는 해어화解語花란 말은 당나라 현종이 태액지太液池에 핀 백련白蓮보다 양귀비가 더욱 예쁜 것은 꽃이긴 하되 사람의 말을 알아듣는 꽃이라서 그렇다고 한 데서 유래한다. 이능화의 서문에 보면, 당시 풍속에서 꽃을 평하여 노래부르는 것이

유행하는데, 모란화는 꽃 중의 왕이며, 해바라기向日花는 충신, 연꽃은 군자, 살구꽃은 소인이며, 국화꽃은 은일지사隱逸士, 매화꽃은 빈한한 한사寒士이며, 박꽃匏花은 노인, 패랭이꽃石竹花은 소년이며, 접시꽃葵花은 무당, 해당화海棠花는 기생娼女이며, 배꽃梨花은 시객詩客, 홍도紅桃, 벽도碧桃, 삼색도三色桃는 풍류랑風流郞이라 하였다. 기생을 일러 바닷가 모래 위에 피는 외롭고 아름다운 해당화 꽃으로 본 것이다.

첫째, 이렇게 둘 다 꽃 중의 꽃인 사람꽃을 주목한 점은 공통이다. 그러나 둘의 서술 목적은 같지가 않다. 이능화는 서문에서 사회상社會相의 일부로서 정숙하고 음란함을 대비하여 국풍國風의 성행性行을 증험함으로써 사학史學계에 참고가 되려는 의도를 내보이고 있다. 그에 따라 화류계적이 아닌 신라의 원화源花로부터 고려의 여악女樂과 조선의 의녀醫女를 강조하였으며, 변방 군사들의 침비針婢와 사신 접대의 기녀妓女 역할을 긍정하고 있다.

반면에 요시카와는 서문에서 맹자도 식욕과 색욕은 인간의 본성이라 하였다면서 이를 내세우고는 조선반도로 여행하는 내지(일본)인 여행객을 위한 안내서로서 조선반도의 색色과 식食의 중추인 조선 기생과 조선 요리에 대한 통속서 집필을 목적으로 삼고 있다. 이에 따라, 『기생물어』는 조선 풍속의 어제와 오늘에 대한 첫인상으로서 술과 여자와 노래가 어우러진 통속적 환락경에 대한 호기심을 촉발하는 것에서 시작하여, 기생 일상의 집과 생활을 묘사하고 기생의 기질과 인상을 분석하면서 기생의 모던화 문제를 다루고 있다.

둘째, 이능화가 사학계의 보조 역할을 추구하였듯이 삼국시대에서 고려와 조선 및 근세에 이르기까지 기생에 관련한 문헌자료를 가능한 대로 채록하여 연대기적으로 편성한 반면에, 요시카와는 여행 안내서와 통속서를 추구하였듯이 자신이 경성 생활 15년 동안 경험하였던 기생 삶에 대한 인상과 당시 기생 조직의 상황 및 기생학교라는 제도적 측면, 화려하고 유행을 앞서가는 화류계의 신풍경 등을 관찰자 입장에서 분석하는 근대문화사적 서술을 추구하고 있다.

셋째, 이능화가 전통시대 기생이 가졌던 높은 예기를 드러내기 위해 유학자와 교유한 기녀 이야기, 재모와 이채가 있는 명기, 시가와 서화에 능한 명기, 해학을 잘하는 명기, 절기 의기 효기 지기로 불리는 기녀, 시문이 뛰어난 기녀 등의 발굴에 공력을 들였는데, 마치 개개 인물의 열전을 보는 느낌이라 〈기녀열전〉이라 해도 무방할 정도이다. 또한 기녀들의 지방적 특색과 기녀의 사랑 이야기, 서방이 있는 기녀, 근세 기부妓夫의 사회적 계급 등 기녀의 생활과 특성을 드러내려 노력하였다. 맨 마지막 35장에서는 갈보종류총괄이란 편명으로 관기제도에서 풀려나 새롭게 변모하는 근세 기생의 종류를 설명하되, 전통적 기예와 명분을 유지하는 일패와 은근자인 이패, 매음하는 삼패로 구분하여 수록하였고, 또 화랑유녀와 여사당패, 색주가인 작부酌婦의 유래를 고찰하고 있다. 전체적으로 조선 기생의 역사와 사회사를 구축하는데 노력하고 있다.

이에 비해, 요시카와는 고려와 조선의 1000년간에 걸쳐 공적 제도로서 존속하였던 기생의 영속성을 주목하면서 이를 조선의 특이한 역사현상으로 타자화하고서, 일본의 게이샤에는 없는 품격과 예기를 지닌 것으로 대비하는 한편으로 조선 상류사회가 누렸던 호사를 간접 경험할 수 있다는 지배자적 호기심을 동시에 추구하고 있다. 편장을 보면, 전반부는 기생전주곡, 관기의 업무, 관기 전성기 모습을 다루어 조선 기생의 역사적 배경을 풀어내는 데 할애하였고, 후반부는 왕년의 기생, 기생의 유희, 기생의 인상, 기생의 이모저모로 구성하여 한말일제시기 변모하는 기생의 생활상과 사회상에 대한 관찰기를 시도하고 있다.

3. 근대문화사 읽기로서의 『기생물어』

*

이 글의 저자 요시카와 헤스이吉川萍水는 잘 알려져 있지 않은 인물인데, 조선총독부

학무국 소속 고적조사과에서 촉탁으로 재직하였고, 『조선의 종교朝鮮の宗教』(경성, 조선인 쇄주식회사, 1921)와 『조선제종교』(朝鮮の宗教의 한글판)를 출판한 요시카와 분타로吉川文太郎와 동일 인물로 파악되고 있으며, 그 외 『최근조선관비제학교입학안내最近朝鮮官費諸學校入學案內』와 『원본언토옥루몽原本彦吐玉樓夢』(경성, 普及書館, 1924)을 펴내었다(신현규, 2010).

현재 국내에 유통되는 『妓生物語』 영인본은 경인문화사에서 1991년 『한국지리풍속지총서』 178권으로 펴낸 『古蹟と風俗·朝鮮風俗資料』 속에 수록되어 있다. 국립중앙도서관 소장본은 표지와 판권 모두에 "裏から覗いた朝鮮 妓生物語(속에서 바라본 조선, 기생 이야기)"로 되어 있으나, 경인문화사 영인본의 표지에는 "朝鮮風俗史料 妓生物語"로 출판사 임의로 제목을 개변하였으므로 참조를 요한다. 또 표지는 저자명으로 吉川萍水라 하였으나, 판권에서는 著作兼發行者로 吉川文太郎을 표기하고 있다.

정리하면, 『기생물어』는 부제로 "裏から覗いた朝鮮"이 붙어 있으며, 저자는 총독부 촉탁을 지낸 吉川萍水이고, 吉川文太郎(京城府 寬勳洞 30번지)이란 필명으로 발행하였으며, 半島自由評論社(京城府 慶雲洞 96번지)에서 1932년 12월 30일 발행하였고 活文社에서 발매하였다. 그런데 저자 서문에는 昭和8年春(1933, 봄)으로 되어 있어, 발행일자보다 늦게 완성되었음을 알 수 있다.

목차 다음에 조선호텔 경영주식회사에 속한 조선호텔(경성), 부산철도호텔, 평양철도호텔, 신의주철도호텔을 병기하고 해당 사진을 첨부하여, 이의 협찬 내지 여행 안내 성격을 드러내고 있다.

**

맨 끝의 판권 다음에는 "본서 속간 예고"편을 실은 점도 흥미로운데, 『朝鮮料理』와 『朝鮮と性生活』, 『朝鮮の艶笑婦』의 세 책을 소개하였다. 이미 책이 다 완성된 듯, 해당 책자의 목차가 자세히 수록되어 있다. 이를 소개하면 다음과 같다.

『조선요리』 목차

조선요리를 말한다 /조선인과 음식 /조선요리 /신선로 요리법 /조선의 술과 음료 /침채라는 말 /침채 담그는 방법 /조선생활과 침채 /조선의 식사 /조선요리의 인상 /조선의 음식점 /주막점 풍경 /포장마차 /주막녀와 민요 /대중적인 탕반가 /설농탕 /상밥집/냉면가 /음식에 대한 잡다한 감상/ 고추와 마늘/ 조선특산의 먹거리 /소, 명태어, 송이 열매, 개고기 /개고기즙 먹는 이야기 /조선인의 관습 /말투와 예의 /신분과 계급 /문자사용의 관례

『조선과 성생활』 목차

조선인의 결혼 /허혼과 조혼 /조선부인과 범죄 /남편 살해 /아내의 정조 /과부의 정조 /겁탈혼 이야기 /며느리에 얽힌 옛날이야기를 말하다 /근친혼을 꺼리다 /천하대장군 이야기 /조선인과 남색 /남편의 향락사상 소화 /조선의 축첩 /공노비와 사노비 /부녀매매 실화 /조선인과 첩 /비구니를 만물이라 하는 이야기 /처를 기생으로 대신하다 /성에 관련된 조선 민요 /조선부인의 장래

『조선의 염소부』 목차

남과 여 /금단의 열매 /인생과 성욕 /성문제의 오늘과 어제 /남자가 바라본 여자 /여심의 변천 /여성과 매음 /매춘부와 사회 /동서 매음 역사 /여성이 살아가는 길 /조선의 매춘부 /경성 에로 노래 /지족선사와 기생 /조선의 호색 해학 여성 /은군자 /에로 결사 이야기 /은군자의 근대화 /비구니 사찰 풍경 /조선인 아녀자를 낚는 남자 /색주가의 여자 /매음굴탐험기 /색주가의 카페화 /별종 /벽안의 여자 /중국 목욕탕 야화 /조선 유곽 소묘 /조선인과 모르핀 /모르핀 굴을 탐색하다 /모르핀 중독의 슬픈 이야기 /경성 홍등 야화 /경성의 예기 /예기의 내막 /경성의 유곽 /창기의 내막 /조선의 카페 /카페 정경 /여급생활을 말하다 /유랑하는 여인 /사창의 타고난 성

품 /에로 전술의 폭로 /접대부의 내막 /이하 생략되어 있음.

***

『기생물어』는 저자가 경성에서 15년 생활을 하는 동안 조선의 풍속이 너무나 급변한 것에 대한 놀라움과 감회에서 출발한다(제1장 서설편 제1절 「조선 풍속의 어제와 오늘」).

"최근 얼마 전까지 경성의 한복판에서 아침저녁으로 흔히 볼 수 있었던 고루한 스타일의 조선 풍속은 지금은 도대체 어디로 모습을 감춘 것일까?"

이 저자의 단순한 물음은 지금 우리에게도 여전히 매우 흥미롭고 극히 연구하여야 할 주제이어서 더욱 주목된다. 우리의 근대문화사 변동을 더욱 역동적으로 들여다보는 연구 축척이 이루어져야 하는 이유이기도 하다.

장옷을 머리끝부터 뒤집어쓰고 조심조심 걸어가던 양가 부녀자들 모습과 젖먹이를 등에 업고 심히 짧은 저고리 아래로 풍만한 유방을 내보이거나 백주 대로에 물항아리를 이고 원시적 에로를 발산하던 서민 여성들이 대비되던 모습은 이미 옛 조선이 되었고, 지금은 비행기의 폭음 아래 광고 기구가 떠다니고 고층건물이 올라오며, 자동차의 경적소리, 네온사인의 눈부신 광채, 재즈, 댄스, 스포츠, 라디오가 울리고, 단상에서 대중을 선동하는 단발에 하이힐 신은 여전사 모습들은 새로운 "모던 조선"의 풍경이다. 여기에다 때로 항공기 위에서 결혼식을 올리던 초모던한 신랑신부까지 등장할 정도로 극히 화려한 모습을 보이고 있다. 저자가 본 조선 풍속의 어제와 오늘에 대한 인상이다.

이 인상 속으로 들어가다 보면, 현재 우리 사회는 어쩌면 근대 조선의 풍경을 너무 이념적으로 접근하고 있는 것은 아닐까 되묻게 된다. 저자가 비록 일본인 점령자의 일원으로서 경성에 거주하면서 낙후된 조선을 우월과 호사의 감정으로, 또 자신들의 호기심과 성적 관심을 드러낸 것이라 하더라도, 이들이 바라본 조선의 풍경은 매우 역동적이고 분주하다. 불과 15년 만에 모든 방면에서 봇물터지듯 시시각각으로 바뀌어가는 사회 변동은 단지 일제식민지배의 이념만으로 풀어내기에는 다 담아내기 어려운 점이 있다.

****

당시 일본인의 눈에 비친 조선으로의 기행 동선은 다음처럼 신천지 여행과 같다.

조선시찰을 하려는 내지 여행객이라면, 격랑이 치는 현해탄을 관부연락선으로 불과 8시간 만에 넘어 부산항 부두에 닿는다. 곧장 동래온천에서 땀을 씻고, 광궤 열차를 타고 대구를 거쳐 경주로 놀러가 신라 천년의 문화를 감상하는 것이 정석 코스이며, 이후 새로 도청소재지로 지정되어 활발한 기운이 넘치는 대전에 도착하여, 호남선 열차로 갈아타면 부근에 은진 미륵석불, 부여의 백제 유적지, 유성의 온천 관광지를 만날 수 있고, 멀리 목포까지 내달리면 서해 연안의 천혜 산물을 맛볼 수 있고, 다시 돌아오는 길에 쌀로 유명한 군산을 견문하고서 그 마주보는 장항에 건너가 경남선 열차를 이용하면 5백 년 전부터 유명하던 온양온천에 다다를 수 있다(이하 제1장 서설편 제2절 「조선 시찰과 기생」).

맘껏 온천 기분을 낸 뒤 다시 기차를 타고 천안을 거쳐 거울 수면 같은 한강을 건너 경성역에 도착한다. 역사를 나와 보면 남대문이라 불리는 거대한 숭례문 자태가 주위의 근대미와 대조되어 금석지감을 느끼게 하며, 남대문에서 동쪽 남산을 바라보면 노송에 둘러싸여 한반도를 진호하는 조선신궁의 상쾌한 신사가 보이고, 북으로는 하늘을 찌르는 북한산을 배경으로 동양 최고라 칭해지는 조선총독부 청사의 백아전당이 위세를 떨치고 있다. 이 남산신궁과 총독부 전당에 대한 자긍은 점령군 일본인으로서 가지는 조선에 대한 한없는 우월감의 근거이기도 하다. 이렇게 저자는 일본인 여행객들이 감상하여야할 포인트를 강조하여 조선으로의 여행을 유도하려 한다.

다시 낮에는 유람버스나 전차를 타고, 밤에는 본정本町과 종로를 거닐면서 카메라로 조선 문화의 현주소를 모두 찍어 담고, 여유가 있으면 총독부박물관이나 이왕가박물관, 동식물원까지 투자하기를 권한다.

계절이 여름이면 세계적인 명산 금강산을 탐방할 절호 시즌이며, 일만이천봉의 기기괴괴한 절경을 최근에는 교통수단과 탐방시설이 완비되면서 내, 외, 해의 삼금강으로 등산에 따르는 고생도 적게 유람 기분으로 다닐 수가 있다. 금강산에 이어 원산, 함흥, 성진, 다시 나남, 청진, 회령 등 동해 연안의 도읍들로 지나면 모두 신흥의 기운이 넘치는 곳이고, 용출량이 단연 풍부한 주을온천이 기다리고 있다.

경성에서 경의선 본선을 타면, 인삼의 본고장 개성을 지나고, 지선으로 들어서면 온천이 유명한 신천, 백천을 지나 황해도 해주에 이르고, 다시 본선을 타면 사과의 고장 황주를 지나 낙랑의 땅이었던 평양에 도착한다. 청일전쟁의 격전지이자 노대한 중국을 이겨 건곤일척의 기개를 천하에 알린 평양성 현무문 답방은 이 여행의 하이라이트로 묘사된다. 이 책이 지어지던 1932년은 일제의 패권주의가 말로를 모르듯이 한껏 해외로 팽창하던 시기여서 그러한 시대적 분위기가 그대로 담겨진다. 대동강에 배를 띄워 여행의 피로를 날려버린 뒤, 더욱 북진하여 신의주에 이르고, 국경을 건너면 광활한 남만주로 들어간다. 건너편 안동현은 이웃나라인 만주국의 현관이며, 압록강에 걸쳐진 거대한 철교가 십자 개폐 장치로 정크를 왕래시키는 장관도 마치 하늘의 무지개를 보는 양 장대한 감상거리이다.

이런 조선 여행의 스케줄 중에 저자는 꼭 하나 덧붙이기를 권하는 것이 바로 조선의 기생과 조선의 요리를 동시에 접하여 그 진가를 맛보는 일이라 강조한다. 조용히 끓는 신선로를 중심으로 수많은 요리들이 빼빼이 차려진 식탁을 앞에 두고서 요염한 기생을 끼고 양반인 양 자리하여 기생이 따르는 술잔과 장고 가락에 들리는 가냘픈 노래에 푹 상념에 빠지면 문득 떠나온 고향으로 돌아가고 싶어 하는데, 그러다가 긴 팔을 뻗어 식탁 위 김치 한 젓가락을 시식하는 순간, 그 얼얼히 혀를 찌르는 미각과 흠칫 코를 놀라게 하는 냄새는 제7천국에서 곧바로 지옥의 현실세계로 떨어뜨리고 만다. 김치는 조선 부식 중의 최고이다. 이 이국적인 김치 맛은 젓가락이 도통 가지 않는 특수한 음식임에 분명하지만, 훗날 여행담을 회고하는 좋은 재료가 될 것임도 틀림없을 것이다.

이상은 저자가 한반도 여행의 풀코스로 부산, 동래, 대구, 경주, 대전, 유성, 은진, 부여, 목포, 군산, 장항, 온양, 경성, 남대문, 조선신궁, 총독부, 본정, 종로, 금강산, 원산, 함흥, 성진, 나남, 청진, 회령, 개성, 신천, 백천, 해주, 황주, 평양, 신의주로 이어지는 여정을 소개하면서, 그 말미에 조선으로 떠나는 여행을 크게 자극하는 덫이자 필수 코스로 조선 기생과 요리를 장치하는 것으로 서설을 매듭짓고 있다.

이렇게 조선의 기생 이야기는 한반도로의 여행을 위한 유인책으로 설정되어 있다. 조선 요리는 그 기생 이야기에 부수되는 자극제 정도여서, 이 글에서는 자세히 다루지 않으며 이 때문에 『조선요리』라는 별도의 책을 속간으로 소개한 것으로 보인다.

*****

그 다음 제2장 기생전주곡은 조선의 명물로서 가히 백미적인 존재는 단연 기생이라 하면서 기생에 대한 좌담회 발언을 채록하여, 남남북녀라는 말과 평양미인의 특징을 논하는 것으로 시작한다. 이 채록에는 평남지사 출신, 평양상의회 수장, 평안남도 평의원, 평양 기생양성소 임원, 찻집 여주인이 참석하고 있다. 기생학교에 대한 소개도 흥미로운데, 1913년 설립된 평양의 기생양성소는 수업연한이 3년제이고, 보통 12, 3살의 여자아이가 1학년이 되므로 중학교 정도의 편제에 해당하고, 입학금은 1원 50전, 월사금이 2학년은 2원, 3학년은 3원으로 가난한 집의 여아는 도저히 다닐 수가 없으며, 음악과 무용 외에 일본어, 조선어, 산술, 수신 과목을 가르치고 2학년에는 특히 권주가란 과목을 가르치며, 현재 학생 수가 총250명이라 하였다.

이와 같이 『기생물어』는 기생 이야기이기도 하지만 위에서 본 바와 같이 조선 여행기와 물려 있기도 하고, 근대의 물결 속에서 어떻게 기생 조직이 운영되고 양성되는지를 그리고 기생의 일상생활과 다양한 면모를 다루고 있어, 근대문화 변동의 관찰기 성격을 갖기도 한다. 자세한 내용은 번역된 본문을 참조하되, 이 글을 읽어가다 보면 조선의 근대 풍경이 구비치는 한 대목을 매우 가까이에서 들여다보는 기회가 될 것이라 기대한다. 일본인 눈에 비친 낯선 조선의 풍경과 풍물을 통해 조선의 생동하는 풍속을 읽을 수 있다면 본 역서의 작은 보람일 것이다.

序説

조선풍속의
어제와 오늘

조선명물, 노에
조선인삼, 노에
엿, 도자기(고려자기), 호랑이사냥, 온돌, 기생
노래는 아리랑, 담바귀야.

산은 금강산에서 노에
강은 대동강에서 노에
…….

날이 일찍 저무는 변두리의 밤을 누군가 우울하게 노래하면서 걸어간다……
　면적 만 사천삼백여 만 리, 이른바 반만년의 장구한 역사를 자랑하는 조선이므로 노래의 가사에 등장하는 명소 유적은 본래 예술적 방면에서나 산업의 특색에서나 헤아리자면 '나라의 자랑거리'가 얼마든지 있으나 그 중에서도 온돌에서 흘러나오는 장구 소리와 아리랑 노래, 이를 흥얼거리는 기생의 나긋나긋한 그림자와 쉰 목소리로 외치면서 밤길을 걷는 노인이 막걸리를 걸쳐 흥에 겨워 스텝을 밟는 모습 등은 일반적인 조선의 풍속으로, 분명 대표적인 모습일 것이다.

술과 여자와 익살스러운 노래가 어우러진 세계..... 술집이나 유곽이 과연 현세의 환
락경인지, 아니면 인생의 함정인지는 차치하고 최종적인 목적에서 보자면 어디나 다를
바 없는 곳이지만 동서고금, 나라, 시대에 따라 형식이나 분위기가 사뭇 달라, 일종의
비정상적인 사회상을 엿볼 수 있다. 그런 연유로 순수하든 그렇지 않든 간에 이러한
방면의 내막은 일종의 호기심을 자아내기 십상이다. 그것을 노리고..... 라기 보다 실
은 자신의 흥에 겨워 자료를 모으고 기생을 소묘하고, 약소하나마 계림의 정서를 강호
에 널리 알려야 한다고 결심한 것이 본고이다.

그리고 드디어 펜을 들어 원고지를 골똘히 바라보고 있자니 상념은 어느새 나의 지
나간 과거로 옮겨가, 경성사람이 된 지 어언 15년에 이르는 세월을 분주하게 보낸 기
억의 마디마디가 마치 꿈처럼 흘러갔다.

게다가 '조선명물 노에'라는 노래가 드라마틱한 음절로 귀를 훔쳤던 것이다. 멍하니
그 노래를 듣고 있자니 나의 과거는 물론이거니와 조선의 풍속이 최근에 몹시도 바뀌
었다는 감회가 저절로 솟구치는 것을 금할 길이 없다.

예부터 '해마다 꽃은 어김없이 피는데 해마다 인간은 같지 않다.'라는 말이 있듯이
자연의 풍물과 비교해 인생은 유위전변이 현저하다고 정해져 있으나 여명기의 조선이
그 이름처럼 쾌활하게 역사를 열어가는 모습은 상투어인 미지근한 진보 발달보다 신
생 창조라는 표현이 딱 들어맞을 정도이다. 따라서 그 외양도 급격히 변해 왔다.

조선 명물이라 해도 호랑이 사냥 시절은 너무나도 진부하니 잠시 제쳐 두더라도, 최
근 얼마 전까지 경성의 한복판에서 아침저녁으로 흔히 볼 수 있던 고루한 스타일의
조선 풍속은 지금은 도대체 어디로 모습을 감춘 것일까?

예를 들어 가짜 실크햇의 갓을 쓰고 절도 있게 가슴의 끈을 묶어 올린 두루마기 모
습으로 4척이 넘는 담뱃대를 들고 장난감 같은 조선말에 앉아, 딸랑딸랑 바쁘게 울리
는 종의 소리를 간주곡 삼아 인도를 바쁘게 행차하는 시골 신사의 모습..... 채문彩門

NO.8 GOING OUT OF THE LADIES.　婦人の外出 (俗風鮮朝)

부인의 외출 1900년대 후반~1910년대 후반
부산근대역사관, 『사진엽서로 떠나는 근대기행』(민속원, 2009)

을 배경으로 온전히 조선의 색깔을 부각시키지 않았던가.

또한 터무니없이 큰 방립을 깊게 눌러 쓴 조선엿장수의 모습은 어떠한가, 괴리사의 인형상자 같은 엿상자를 가슴에 걸고 싹둑싹둑 큰 가위를 울리며 번화가나 변두리를 돌아다녔는데 그 중에는 머리를 길게 등까지 땋아 내린 서른 언저리의 총각과 같은 괴상한 자들도 많이 섞여 있었다.

생각해 보면 백년가약을 맺기 위해 흔들리는 가마를 타고 시댁으로 서둘러 가는 신부의 행렬은 지금도 드물게 보이기는 하지만, 나그네에게 큰 흥미를 불러일으키는 그러한 천자만태의 풍속은 어디서나 흔하게 볼 수 있었다.

그리고 눈을 돌려 여성의 세계를 훔쳐보면 이도 대동소이하여 장옷을 머리에서부터
뒤집어쓰고 부끄럽다는 듯이 혹은 주눅이 든 것처럼 사람 눈을 피해 조심조심 거리를
걸어가는 양가의 부녀자들...... 옆으로 눈을 돌리면 젖먹이를 아무렇게나 등에 업고
심히 짧은 저고리 아래로 지극히 풍만한 유방을 젖소처럼 축 내보이고 영하 20도의
찬바람에도 아랑곳 않고 물항아리 등을 머리에 이고 원시적인 에로를 발산하면서 편
안히 백주대낮의 장안 대로를 활보하는 여인들. 전자에서 고대여속지 『헤이안시대의

가슴을 드러낸 여인 1920년대
부산근대역사관, 『사진엽서로 떠나는 근대기행』(민속원, 2009)

아이를 업고 있는 부인 1920년대
부산근대역사관, 『사진엽서로 떠나는 근대기행』(민속원, 2009)

권』의 그림자를 느낀다면 후자는 필경 세계풍속서첩 중 남양南洋의 한 페이지를 넘기는 듯한 이국적인 정서로 충만했다.

그러한 옛 조선은 네거리에 쓸쓸하게 서 있거나 뜨겁게 내리쬐는 태양을 피해 빌딩 등의 그림자에서 오수를 즐기는 지게꾼의 쇠락해 가는 모습에 "지게 오늘도 멍하니 네거리에서 날이 저문다." "지게 오늘 번 돈만큼 술을 마시고 간다."라고 시조를 읊으며 아련한 여운을 멈추는 정도로 급속히 과거의 것이 되어 버렸다.

그리고 오늘날에는 외관적으로 코발트색으로 맑게 갠 하늘에 명랑한 여객기의 폭음이 울려 퍼지고 광고 기구가 유유히 떠다닌다. 땅에는 큰 키를 뽐내는 고층건물들이 수를 놓고 있으며 우렁찬 자동차의 경적, 네온사인의 눈부신 광채, 재즈, 댄스, 라디오, 스포츠 등 가타가나로 적힌 모던 조선이 토키의 은막 위에서 춤추고 있다. 게다가 한 발 더 나아가 사회 층을 해부해 보면 시대의 격랑을 타고 단상에서 엄청난 기염을 토하며 대중을 선동하는 단발, 하이힐의 여전사가 있다면 때로는 항공기 위에서 결혼식을 올리는 초 모던한 신랑신부까지 등장할 정도 화려한 모습을 보이고 있다.

그런데 "삼일 보지 않는 사이에 벚꽃이 져 버렸구나"의 시구처럼 세상이 어지럽게 변하는 가운데, 이곳이 마냥 금성탕지金城湯池인 양 고유의 기반에 꿋꿋하게 뿌리내린 기생들은 여타 문물과 비교해 다소 뒤처진 감이 있지만, 이들도 결코 한가롭게 수수방관만 하고 있지 않다. 시대에 순응하여 점차 내용을 쇄신하여 자신의 상품 가치를 높이고 눈부신 조선 에로계의 첨단을 걸으며 선천적인 매력으로 무장하여 남성 뇌쇄의 비술을 총동원하여 다른 웃음을 파는 여성들과 함께 새로운 술을 따르기 위해 지금은 낡은 가죽가방을 수선하기 위해 분주히 움직이고 있다. 따라서 이 방면도 점차 과거의 흔적은 옅어지고 근대라는 컬러의 베일에 싸여 가고 있다.

조선 시찰과
기생

과거에는 "새도 지나가지 않는다."라 일컬어졌던 격랑이 치는 현해탄도 지금은 관부연락선으로 시모노세키에서 고작 8시간여의 꿈에 지나지 않으니, 부산항 부두에 바싹 대는 태평한 뱃길, 여행은 우울한 것이다, 고통스러운 것이라고 불만을 터뜨렸던 과거가 가소로울 정도이다.

그런데 조선시찰을 할 나그네는 상륙 후 일정이 어떻게 정해져 있을까. 길을 서두르는 사람이라면 우선 부산 시내를 시작으로 동래온천에서 내지에서 쌓인 땀을 씻고, 광궤로 상쾌한 열차를 타고 대구에서 경주로 놀러가 나라에 비유되는 신라왕조 천년의 문화를 감상하는 것이 정석이다.

그 후 새로 도청소재지로 지정되었고 더욱이 발랄한 기운으로 넘치는 대전에 도착하여 열차를 호남선으로 갈아타면 부근에는 은진(논산)의 미륵석불, 부여의 백제 유적지, 유성온천 등도 있으며 연안은 예부터 삼남의 보고로 일컬어질 정도로 천혜의 육지 산물, 바다 자원을 자랑한다.

그리고 목포까지 멀리 내달려 돌아오는 길에는 쌀로 유명한 군산과 마주 보고 있는 장항리로 건너가 경남선을 이용하면 5백 년 전부터 널리 세상에 이름을 떨쳤다고 일컬어지는 온양온천에 다다를 수 있다.

가보지 않을래요, 경남선의

온양 온천 요호호이노호이(랄랄랄랄)

온양 온천 꽃이 만발

어허 저것, 어허 이것 꽃이 만발

온양 좋은 곳 해가 비추는 곳

눈이 내려도 요오호이노호이

눈이 내려도 꽃이 핀다

어허 저것, 어허 이것 꽃이 핀다 (온양소창)

거금을 들여 천혜의 자연과 인공의 정취를 결합시킨 낙천지, 그 이름도 그윽한 신정관에는 유서 깊은 전설이 내려온다.

신정관이란 온천장의 이름인데, 이는 온천 근원지 가까이에 나라의 영조물로서 보존되어 있는 신정비에서 따왔다. 이 비문에는

"천순 8년 봄 2월, 이조세조대왕(서력 1456~1468) 남쪽으로 거둥하실 때, 역을 온천군 온양에 두다. 이곳에 머물고 4일이 되던 날, 신천 갑자기 솟아 마당으로 흘러넘쳤다. 대왕 보시고 크게 그것을 기이 여겨 명하여 그것을 뚫으니 세차게 흘러넘친다. 그 차가움은 눈과 같았고 그 깨끗함은 거울 같았다. 물은 따뜻하나 샘물은 차갑다. 대왕이 기뻐하여 아끼는 것을 서로 보았으니 이를 옮기지 않았다. 이를 길조로 여겨(인정하여) 팔도표에 더하였다."고 적혀 있으며 실제로 얼마 전 공사 중에 지하 15척 지점에서 고작 3척의 거리를 두고 냉천과 온천이 용출하여 사람들을 놀라게 한 사실이 있다.

이곳에 여장을 풀고 마음껏 온천 기분에 젖은 후 다시 기차를 타고 천안을 거쳐 북쪽으로 올라가면 얼마 후 열차는 한강의 거울과 같은 수면에 꾸불꾸불하게 달려가는 모습을 비추고 경적을 울리며 경성역으로 미끄러져 들어간다.

> 산은 북한 강은 한강 이영차
> 거리에는 자랑거리인 남대문
> 휘감은 담쟁이덩굴조차 5백년
> 서울 좋다 좋다
> 좋다 서울 호이 (경성소창)

흔히 남대문이라 불리는 숭례문의 거대한 자태는 주위의 근대미와 대조적으로 무언가 홀로 버림을 받은 듯한 쓸쓸함도 풍기지만, 경성역 앞을 장식하는 경치로서 버리기 아까운 고아한 정취가 물씬 풍긴다. 누문은 조선의 태조 이성계가 경성으로 수도를 옮긴 무렵의 건축물로, 가토 기요마사 등이 반도를 벌벌 떨게 한 임진왜란에서 다시 거슬러 올라간 2백년이나 전부터 이곳에 꼿꼿하게 자리를 잡고 있었으니, 누문에 영靈이 있다면 금석지감으로 정신이 아찔해질 정도일 것이다.

경성에는 본래 왕궁을 중심으로 동서남북에 사대문이 있어 그 사이에 네 개의 소문이 있었으나 대부분이 이미 없어져 버렸다. 남대문은 남부로 통하는 대도로를 끼고 있어 사람의 출입도 많아 당시 그런 의미에서 다른 각 문에 비해 가장 힘을 기울였다. 우선 남대문의 기둥 중앙에 붙인 편액을 살펴보면, 다른 문의 편액의 가로쓰기를 깨고 세로로 그것을 걸고 있다. 이것은 지금도 우리들이 종종 보면서도 깨닫지 못하는 점인데 이렇게 세로로 건 이유는 화기가 발생하지 않도록 그런 상징성을 담아 세로로 길게 건 것이다. 그리고 편액에는 '숭례문'이라고 크게 쓰여 있는데

'예'는 남쪽을 의미하며 '숭' 자는 불꽃의 모습과 닮았기 때문이라고 전해진다. 그렇다면 어찌하여 남대문만 세로로 편액을 걸어 불의 상징성을 도입한 것일까. 그것은 즉 풍수설에 근거한 것으로 한양의 안산(전산)인 관악이 화산이어서 한양에는 항상 화재 징후가 있으므로 불을 가지고 불을 제압한다는 의미에서 그리하였다고 전해진다.

남대문에 서서 동쪽을 바라보면 울창한 남산의 노송에 둘러싸여 반도를 진호하시는 조선 신궁의 상쾌한 신사가 보이며, 북으로 눈을 돌리면 건장한 풍골로 험준하게 우뚝 솟아 하늘을 찌를 듯한 북한산을 배경으로 한 동양 최고라 칭해지는 조선총독부청사의 백아전당이 극한의 윤환輪奐의 미를 자랑하며 위세를 떨치고 있다. 그리고 사통팔달한 왕복을 낮에는 유람버스나 전차를 이용하고 밤에는 본정本町, 종로를 한가로이 거닌다면 조선 문화의 현주소를 거의 하루 만에 뇌리의 카메라로 찍어 담을 수 있다. 다만, 욕심을 부리자면 총독부박물관을 시작해 이왕가의 박물관, 동식물원을 보는 데만 하루나 이틀을 투자하기를 추천한다.

또 계절이 마침 초여름에서 음력 8월사이라면 금강산을 탐방하는데 절호의 시즌이니 부디 철로를 북쪽으로 돌려 국내외에 선전하는 일만 이천의 영봉에서 천하의 빼어난 경치를 감상할 필요가 있을 것이다.

만약 금강산을 후지산과 비교하여 어떠냐고 묻는 사람이 있다면 나는 우선 다음과 같이 대답하겠다. "후지산이 정정당당함의 궁극이라면 금강산은 기기괴괴함의 궁극이다."라고. 후지산은 화산이지만 금강산은 화강암이며 더욱이 일만 이천 봉, 모두 암석을 노출하고 있다. 도처에 기암이 흩어져 있고 괴석이 펼쳐져 있다. 그리고 계류비천溪流飛泉의 변화는 실로 천하에 비할 만한 것이 없다.

－오마치 게이게쓰大町桂月

올려다보면 양 낭떠러지 모두 기이한 장벽嶂壁 서 있고 헤아려보니 수천이네. 그리고 그 틈을 울창한 소나무들이 난립하며 둥근 지붕을 형성하고 있네. 고개를 숙이면 옥과 같은 벽수碧水이고 또는 큰 비폭이 되거나 또는 급탁이 되네. 수석水石 서로 상충하여 각각 그 특색을 발휘하는 금강산의 경치는 실로 조물주의 일대 문장이니, 일단 산 속의 사람이 되면 몸은 천지 상절爽絶의 대기를 만끽하는 것 같구나.

－도쿠토미 소호德富蘇峰

일세를 풍미했던 문호라 일컬어지는 많은 이들의 글도 여전히 부족하니, 실제 모습의 편린만을 옮기고 있을 뿐이다. 조용히 탄성이 흘러나오는 세계적인 명산 금강은 곳곳에 중첩되어 있는 기암괴석이 기복하는 사이사이로 마치 선녀의 옷을 펼친 듯한 물살이 빠른 폭포가 흐른다. 그 뿐만 아니라 여름은 심록의 물방울로 삼복더위를 날려주며 가을에는 불타는 단풍에 근심을 잊게 하는데 자연의 금수錦繡를 짜놓아 산 전체를 물들이는 필설로 다할 수 없는 장관은 실로 천하에 보기 드문 절경이다. 더욱이 최근에는 교통수단과 탐방시설이 완비되면서 내, 외, 바다의 삼금강 모두 시간적으로나 물질적로나 쉽게 감상할 수 있게 되었고 등산에 늘 따라다니는 고생도 적어 오히려 유람 기분으로 충분히 목적을 달성할 수 있다.

금강 탐방에서 한 발 더 내딛어 보면, 원산, 함흥, 성진에서 나남, 청진, 회령 등 연안의 도읍은 모두 신흥의 기운으로 넘치는데, 특히 북쪽 지방은 목하 산업 개척이 진행되고 있으며 게다가 국경을 넘어 북만주와 철도로 이어져 있고 일본의 동해에 면한 지방과는 항로로 연결되어 있는 덕분에 그 도시들을 잇는 라인의 실황을 찾아 묻혀 있는 이익을 얻기 위해 보고의 열쇠를 발견하고자 잠시 머리를 굴려보는 것도 좋으리라. 만약 피곤하다면 속세의 먼지를 털어내는 데 안성맞춤인 곳인 풍광명미의 도원경, 용출량이 단연 풍부한 주을온천이 가까이서 온천객을 기다리고 있다.

경성에서 길을 경의본선으로 취해 고려의 고도, 조선인삼의 본고장으로 유명한 개성을 지나 지선에 들어서면 신천, 백천 온천이 있으며 황해도의 해주 방면에 다다른다. 그리고 본선은 사과의 고장 황주에서 철의 고장 겸이포를 가까이 지나쳐 과거 낙랑의 땅이었던 평양에 도착한다. 두말할 나위도 없이 평양은 청일전쟁의 옛 격전지이다. 일본이 가진 진정한 힘은 아직도 자타 모두 모름에도 불구하고 잠자는 사자라고 두려워했던 노대국 중국에 대항하여, 건곤일척, 극동 남자의 기개를 천하에 알린 당시를 생각하면 공연스레 가슴의 피가 용솟음친다.

차를 목단대에 대고 회고적 기분으로 현무문을 올려다보고 호국영령이 되신 충용忠勇지사의 영령을 추모하고 부벽루에 서서 대동강을 조망하면 "인어 실수하여 진홍색 비단을 떨어뜨리니 흩어져 능라를 만드니 강물을 비춘다."는 명나라 설연농이 읊은 능라도의 질리지 않는 경치가 들어온다. 하룻저녁 강에 배를 띄워 여행의 쓸쓸함을 날려버려도 좋을 듯하다.

그보다 더 북진하면 신의주에 이른다. (국경을) 건너면 광한 남만주로 건너편의 안동현은 이웃나라인 만주국의 현관이다. 유명한 대철교는 국경을 가로지르는 압록강에 걸쳐 있다. 대철교의 십자로 열리는 개폐장치는 정크가 왕래하는 강 쪽에 비치는데, 이는 마치 무지개로 착각할 정도의 장대한 것으로 한 번 감상해 볼 가치가 있다.

×　　　　　　×

어쨌든 취미와 실익을 천칭에 올려놓고 조선을 이리저리 둘러보는 사람들에게 보여주고 싶은 것을 자세하게 써 내려갈 여유는 없지만, 스케줄에 부디 꼭 하나 덧붙이길 원하는 것이 기생과 조선요리를 접하여 그 진가를 맛보라는 것이다.

제군은 바쁜 와중에도 하룻밤을 할애하여 여행의 기분전환으로 조선 기정旗亭의 금간판으로 들어서는데 기생은 온천지역에도 있으며 요즘에는 내지의 도회지에도 진출하고 있는데 자칫했다간 가짜 사이비에게 걸릴 수 있으니 역시 본고장의 일류를 맛보는 게 상책이다. 그곳에서는 여름에는 시원하고 겨울에는 따뜻한 온돌방이 부지런히 멀리서 온 손님을 맞이한다.

> 어찌 잊으리오 경성의 겨울
> 사랑스러운 온돌 마주보다
> 하얀 손이 끓이는 신선로 (경성소창)

조용히 끓는 신선로를 중심으로 수많은 요리들이 빽빽하게 차려진 식탁을 앞에 두고 요염한 기생을 끼고, 양반인 양 자리 잡은 기분은 속세를 초월한 다소 독특한 것이다.

> 아름다운 기생 한쪽 무릎을 올리고 앉았다
> 노래하는 아리랑 수심가
> 사랑스러운 경성의 아련한 달. (경성소창)

한쪽 무릎을 올리고 앉은 기생의 요염한 자태에 황홀하게 잔을 기울이면 이윽고 가냘픈 손으로 연주하는 장구 소리, 슬픈 가락이 뜨거워진 귓가에 꽂힌다. 사무치게 가슴을 치는 수심가의 멜로디는 절절히 호소하듯 폐부를 찌르고 듣는 이의 상념을 어지럽히고 만다.

하지만 거기서 향수를 불러일으켜 이튿날 아침 여객기로 단숨에 내지로 돌아가겠다며 편협한 생각을 발동시켜서는 안 된다. 하지만 내지인의 태도에 부드러워져 "여보시오!"라며 추파를 던지는 기생의 맑고 아름다운 눈동자에 흐물흐물해져 가만히 내미는 약주 한 잔에 우화등선의 환상을 보고 내지에 있는 노부모와 사랑스러운 처자식을 완전히 망각해 버리고 쾌활하게 방탕함을 발휘하는 일은 더더욱 금물이다.

그러므로 향수이든 방탕성이든 만일 제군의 심중에 이상한 징후가 나타났다면, 일

아리랑 타령
국립민속박물관, 『엽서속의 기생읽기』(민속원, 2009)

아리랑 아리랑 아라리요
아리랑 고개를 넘어간다
청천하날에 별도 만코
이네 가슴에 수심도 만타

단 원숭이처럼 긴팔을 뻗어 중대한 결의 아래 식탁의 김치를 한 젓가락 시식하는 편이 가장 좋다.

김치는 조선의 부식 중 최고이다. 얼얼하게 혀를 찌르는 맛과 흠칫 코를 찌르는 냄새는 우울도 흥분도 모두 날려버릴 정도로 제군의 간담을 서늘하게 만들어 버리며, 급전직하, 곧바로 제7천국에서 지옥의 현실세계로 떨어뜨리고 만다. 결국 첫 만남에서는 고추장이 어지간히 좋은 시기가 아니고서야 일단 보물산에 들어섰음에도 젓가락이 도통 가지 않는 특수한 음식이다. 또 그것에 입맛을 다시는 이국적인 여행의 치욕은 떠나면 그만이니, 남몰래 호개好箇한 여행담의 재료가 되어 훗날 때때로 반추하여 흥분을 느낄 것임에 틀림이 없다.

만약 이러한 유물적 대상물을 꺼려하지 않고 백척간두에서 한 발 더 나아가 유심적으로 놀아보자고 욕심을 부린다면 작전의 한 수는 적정을 아는 데 있으므로 기생 팬의 육도삼략으로써 자부하는 비밀의 책, 즉 본서에 담긴 내용을 숙독 완미한 다음, 더욱 모험적인 추격을 시도하는 편이 흥미로울 듯하다.

妓生物語

2

기생전주곡

妓生前奏曲

우선 기생을 말하다
관기의 유래

우선 기생을
말하다

　태초에 여자 있었고 남자, 남자 그리고 마지막의 여자……. 여성은 지금 발랄하게 진군한다. 명랑하게 크게 울려 퍼지는 시대의 진군 나팔소리에 맞춰 그녀들은 약동하고, 높게 비상한다. 이 세상살이의 대상, 그것은 우상도 아니며 로봇도 아니다……. 향기이며 화려한 정원의 꽃인 그녀들이다.

　어쨌든 세상은 봄이요, 여인국은 지금 향료의 온실이다. 활짝 갠 하늘을 향해 그 문을 힘차게 열면 밝은 외광 속에서 선명하게 드러나는 것은 여인군상, 또는 여인이 있는 풍경이다. 전람회라도 간다면 첫 번째 전시실은 '국산애용은 우선 조선산부터'라는 한반도의 슬로건에 따라 조선의 소묘를 본다.

얼마 전, 오사카마이니치(조선판)에 실린 「여성행진곡, 기생의 권」이라는 제목 아래 다음과 같은 문구가 적혀 있었다.

　기생! 그것은 분명히 조선명물로서 백미적인 존재이다. 서양인들이 요시하라[1]나

---

1) 요시하라: 도쿄 다이토 구에 있던 에도江戸 시대 이래의 유흥가.

게이샤, 걸을 후지산이나 벚꽃만큼 천황의 나라의 자랑거리라 생각하여 일본 관광 일정에서 빼놓지 않는 것처럼 내지인은 금강산과 대동강보다 기생에 흥미를 느낀다.

여하튼 사전 선전은 "기생은 지금이야 시정의 기녀로 얼마간의 금전을 노리고 몇 명이 모인 연회에 나가 시중드는 처지로 전락했으나, 최근 얼마 전까지만 해도 오로지 천후귀인들만을 모셨으며 대내외에 위세를 떨치며 관기의 전통을 계승하는 자였다."는 자못 숭고한 탁선이니, 황감하게 남몰래 눈물을 흘리며 흐느끼는 우아함에 남자들이 경마의 말처럼 흥분하고 구미가 크게 동하는 것도 무리가 아니다.

그리고 스스로 조선통을 자처하던 높으신 양반네들 중에서 얼마간 여자를 밝히는 자들은 첫째도 기생, 둘째도 기생이라고, 기생이 없으면 하루도 살 수 없다고 칭찬할 정도로, 국산 애용은 우선 조선산부터 이기는커녕 '조선산 애용은 우선 기생부터'라는 표어마저 등장할 기세이다.

더 나아가 기생이 없는 조선은 농사품평회 혹은 남화南畫의 전시회와 같으며 범인에게는 지나치게 담백하게 느껴질 지도 모른다.

그렇다면 기생이란 무엇일까. 그 유래, 고사내력 등 케케묵은 문구처럼 그 외양에서 내막까지 상술하는 것이 본서의 자랑거리인데 우선 그 전에 기생의 개념을 전체적으로 파악하기 위해 과거 기생의 본고장(?)이라 일컬어지던 평양에서 이 방면에 정통한 사람들이 개최한 좌담회의 발언을 참고해 보겠다.

○ 경승지에서 미인을 말하다

장   소   평양목단대, 오마키의 찻집

출석자   A - 전 평남지사.

　　　　 M - 평양상의회 수장.

　　　　 F - 평남도 평의원.

K-기생양성소 임원.

O-오마키의 찻집 여주인

　조선 경승의 쌍벽이라면 모름지기 일만 이천 봉의 금강산과 대동강을 기슭에 넓게 드리운 평양의 목단대입니다. 전자가 우뚝 솟은 돌산을 배경으로 폭포가 있고 계류가 있어 어디까지나 동적인 남성미를 자랑한다면 후자는 녹색의 담요를 펼쳐 놓은 듯 둥근 구릉으로 된 어디까지나 정적인 여성미를 자랑합니다. 청일전쟁 당시, 그 유명한 하라다 주키치原田重吉의 현무문 진군에서 등장하는 그 현무문이 바로 이 목단대에 있습니다만 지금은 이끼가 끼어 전투의 흔적은 어디서도 볼 수 없고 풍류미조차 풍기고 있습니다. 구릉의 숲을 녹이고 소리 없이 흐르는 대동강은 얄미울 정도로 유장한 느낌을 북돋웁니다. 한여름 밤, 이러한 여성미 넘치는 경치 속에서 주제를 조선 미인으로 정하여 만담의 꽃을 피웠습니다.

　　　　　　　×　　　　　　　　×

　내지에서는 교토미인, 나고야미인, 그 위에 니가타미인을 예로부터 대표적인 미인형으로 분류하고 있는데요, 조선에서는 뭐니 뭐니 해도 평양 미인이 최고입니다. 이야기는 우선 이 평양미인인 기생에서 시작되며 M옹이 맨 먼저 말을 꺼냅니다.

남남북녀 (만인이 인정하는 미인)

　M　좋군요, 미인이라 하면 내지에서는 예로부터 남자는 억센 관동 남자가 좋고, 여
　　　자는 상냥하고 아름다운 교토 여자가 최고라고 말하죠. 그와 마찬가지로 조선
　　　에는 남남북녀라는 말이 있습니다. 즉 조선의 남쪽에는 호남자가 많고, 그 대신

에 미인은 조선의 북쪽이 최고라는 말입니다. 게다가 그 조선의 북쪽 중에서도 대표적인 미인이 평양미인인 기생입니다. 피부는 끝없이 희며 그리고 늘 크림을 바른 듯이 살결이 고우며 눈, 코, 입이 가지런하여 내지의 일류 미인과 비교해 조금도 손색이 없습니다. 비단 옷자락을 길게 끌며 유유히 연보를 옮기는 모습은 헤이안시대의 미인과 닮아 있으며 가히 한 폭의 그림입니다. 이 기생이 또 풍속 습관을 초월하여 내지인에게도 사랑을 받고 있으며 중국인도 좋아하며 그 밖의 외국인도 꽤 칭찬하죠. 실로 만인이 인정하는 상품 미인으로 교토의 무기舞妓와 같은 느낌입니다.

A 그리고 어딘지 모르게 품격이 있습니다. 이 품격은 평양의 기생에게서만 볼 수 있다고 생각합니다. 경성 주변의 기생은 어딘지 모르게 품격이 훨씬 떨어지는 듯합니다.

F 분명 그렇죠. 기생 스스로도 평양 출신임을 자랑으로 여기고 있는 듯합니다. 경성 주변의 기생에게 '어디 출신이냐?'고 물어 보면 어김없이 '평양입니다.'고 대답합니다.

이마를 일자로 (좁은 어깨에 가는 다리)

이어서 조선미인의 유형 이야기로 옮겨간다.

K 옛날 기생(관기)은 이마를 사각형으로 만드는 것이 얼굴을 돋보이게 하는 유일한 조건이었습니다만 내지에서는 '후지이마'라 해서 아름답게 보이기 위해 이마의 털을 일부러 뽑아 일직선으로 만들었습니다. 그리고 어깨가 좁고 허리는 가늘고 발이 극히 작아야만 이른바 청초한 중국식미인으로, 어디까지나 현대의 건강 미인의 정반대가 아니면 미인이 될 자격이 없었습니다. 조선의 북쪽에는 국

경 가까이에 아름다운 여인이 많습니다만 이들은 발이 지나치게 커 미인의 부류에 들어가지 못했습니다. 이 발을 작게 만들기 위해 중국의 전족처럼 어릴 때부터 잘 때도 반드시 버선을 신겼습니다. 지금도 두메산골에는 이러한 습관이 남아 있지만 도회지나 문명개화된 시골에서는 이러한 습관이 사라져 버렸습니다.

시에도 능하고 (서화에도 능하니)

하지만 기생은 단순히 아름답기만 해서는 아니 됩니다. 옛날 관기로서 일종의 품격을 유지해야만 했던 기생은 외홍의취偎紅倚翠의 향락의 대상으로 교태를 부린 것만이 아니었습니다. 시, 서화, 음악이라는 세 가지 소양이 없으면 뛰어난 기생이라 불릴 수 없었습니다. 그래서 기생 중에는 시인에 필적하는 시를 짓는 자도 있었으며 화가에 비견되는 화필을 휘두른 자도 있었습니다.

 K 옛날에 부용이라는 이름의 기생이 있었습니다. 얼굴은 그리 예쁘지 않지만 시에 능하여 아마도 조선에서 당할 자가 없다고 전해질 정도였습니다. 그에 시에 능한 남자가 아니면 그녀를 마음대로 할 수 없다는 설이 퍼져 시인이라는 시인은 죄다 그녀 곁에 모여들었습니다만 끝끝내 그녀의 마음에 드는 시를 지은 자가 없었다고 합니다.
 M 제가 기억하는 기생으로는 죽서라는 이름의, 시가 능한 기생이 있었습니다. 즉석에서 어려운 시를 짓곤 했는데 그녀가 어떻게 되었는지는 모르겠네요.

조선의 정서도 (죄다 엉망이 되다)

지금은 기생도 여배우처럼 머리를 부풀리거나 7대 3로 나누거나 혹은 귀를 덮는 머리모양을 하는 등 어수선한 모던 시대입니다. 애상적이면서 가슴 절절한 조선의 옛 노래보다 축음기 레코드에서 흘러나오는 〈도쿄행진곡〉이나 〈베니야의 딸〉을 부르며 내지의 모던걸에 뒤지지 않으려는 시대이죠. 시를 짓고 서화에 능한 기생은 죄다 사라지고 말았습니다.

A 기생이 내지의 유행곡만을 부르게 되면서 조선의 정서도 죄다 엉망이 되어 버렸습니다. 제 친구들도 자주 내지에서 놀러 오는데요, 다들 입을 맞춘 듯 기생을 보고 싶다고 합니다. 저도 음식을 대접할 요량으로 기생을 불러 보지만 그 기생이 내지의 유행가나 안래절安來節 등을 부르고 조선 고래의 노래는 이쪽에서 청하지 않는 한 부르려고도 하지 않습니다.

K 참으로 저도 난처합니다. 저희 쪽에서는 내지의 노래는 나가우타長唄 외에는 가르치지 않고 있습니다만.

O 조선의 젊은 손님들도 종종 찾는데요, 무슨 연유에서인지 기생에게 유행가를 조릅니다. 내지인 손님들도 뜻이나 절을 모르는 조선 노래보다는 유행가를 부르게 하고 즐거워하지요. 즉 기생들도 유행가를 익히지 않고서는 술자리에서 시중을 들 수 없는 형국입니다.

손님의 죄인가 (고래의 노래가 사라지다)

M 대체로 내지인이 호기심에 일본 노래를 부르게 하는 것 자체가 문제입니다. 아무래도 기생은 조선노래를 주로 해야 하죠.

이런 식으로 가다간 가까운 장래에 기생의 입에서 전아한 조선의 노래를 들을 수 없을 것이라는 우려의 목소리도 나오고 있습니다. 결국에는 기생의 내지 유행가 금지

샤미센을 연주하는 기생 일제강점기 후반 조선 기생의 모습으로, 1910년대 중반에 이미 샤미센을 연주할 수 있는 기생이 있었고, 어떤 기생은 일본 민요도 불렀다. 일본인을 접대할 일이 점점 많아지자 권번은 조선 기생에게 일본 노래와 춤도 가르쳤다(국립민속박물관, 『엽서속의 기생읽기』, 민속원, 2009).

운동이라도 일으켜야 하지 않을까요.

M 관기 세력은 역대 조정에 비상非常한 것이었다고 합니다. 조선시대 때에도 그리고 그 이전에도 이 관기는 없어서는 안 되는 외교 조력자로, 당나라 사신이 조선에 오면 반드시 지금의 진남포에서 대동강을 거슬러 올라가 평양에 도착하여 여러 가지 조공의 교환이나 담판 등을 하곤 했는데 그 장소가 지금도 남아 있는 연광정입니다. 이 관기들은 오로지 접대 역할을 수행했습니다. 뜻밖의 미인들의 접대에 당나라 사신이 맥을 못 춘 것은 불 보듯 뻔했습니다.

고니시 유키나가와 (계월향의 슬픈 이야기)

A 임진왜란에 얽힌 기생전설도 많은데요, K 씨에게 그 이야기 중 하나를 부탁드려
  보죠.

경성에서 평양까지 파죽지세로 진군한 고니시 유키나가(일설에는 유키나가의 부장)는 전
투 없이 평양을 함락시켰다. 전진에 있던 유키나가가 지루함을 달래기 위해 손에 넣은
것이 어느 미인으로 이름은 계월향이라 불리었고 그야말로 성내 유일의 꽃과 같은 미
인이어서 유키나가의 총애도 상상을 초월하였다고 합니다. 그런데 이 계월향은 유키
나가의 총애에 감격의 눈물을 흘리면서도 나라를 생각하는 일념이 결국에는 원망으로
바뀌어 유키나가 암살 계획을 세우고 김응서라는 장수를 오라비라 속여 성내에 끌어
들여 유키나가의 숙면을 틈타 김응서를 몰래 침실에 불러 들여 유키나가를 단칼에 베
게 했습니다. 계월향은 사랑하는 이의 최후에 새삼스럽게 눈물을 흘리면서도 나라를
위해 상처가 낫지 못하도록 상처에 불을 붙이고 도망쳤습니다만 도중에 김응서에게
참살 당하였습니다.

K 계월향의 무덤은 지금도 교외에 있습니다. 의열사라고 해서 기생의 신앙이 두텁
  고 매년 한 번 열리는 제사 때는 기생들이 총출동하여 참배합니다.

예기와 거의 동일한 존재인 오늘날의 기생은 어떤 생각을 가지고 일하고 어떤 생활
을 이어가고 있을까?

전부 자신이 부담(권번도 자치제)

A 예기와 다른 점은 전부 자신이 부담한다는 겁니다. 그래서 그녀들은 훌륭한 직
   업 부인으로서의 의식이 강하고 자각과 자존심을 가지고 있습니다. 부모를 봉양
   하고 군식구들도 먹여 살립니다. 일종의 품위가 있는 것도 거기서 출발하지 않
   나 생각합니다. 유순하게 보이지만 여차하면 내지의 예기와는 도저히 비교가 되
   지 않는 기골을 가지고 있습니다. 권번의 조합장은 남자인데 기타 임원은 모두
   기생으로 순수한 자치제를 도입하고 있습니다. 임원선거라도 열리면 두 파로 나
   뉘어 다툽니다. 마치 내지의 정치적 선거와 비슷하죠. 그리고 제가 지사 시절에
   는 조합장 배척인가 뭔가로 도청까지 몰려 와서 당당히 진정한 적도 있는데요,

평양 기생학교 생도 평양 기생학교 초창기인 기생양성소 '노래서제'의 옛 모습이다. 아직 앳된 모습이나 모두 쪽을 지고 있다. 짧은 저고리와 치마 사이로 허리말기를 드러내는 전형적인 조선말 기생의 차림새이다. 고름에 노리개를 달고 치마와 저고리 색을 달리하여 화려한 느낌을 준다. 치마와 저고리의 색상 차이가 없는 저고리에는 고름으로 포인트를 주었다(국립민속박물관, 『엽서속의 기생읽기』, 민속원, 2009).

조리 있고 서슬 퍼런 기세에 저도 놀랐습니다.

젊지만 굉장한 수완 (막대한 수입)

K 현재 평양에는 이백 명의 기생이 있습니다만 시간 당 화대는 1원으로 올해 상반기 중 최고 수입은 2천6백 원이었습니다. 권번이나 요리점에 무는 수수료를 제외하고도 한 달에 3백 원 이상 버는 기생이 많습니다. 달리 몸값이 있는 것도 아닙니다. 그것이 전부 순수입이므로 남자의 월급으로는 도저히 좇아가지 못하는 훌륭한 직업 부인이죠. 게다가 생활수준도 내지처럼 높지 않아 돈이 모이는 한편 호사스럽게 살 수 있죠. 그래서 일가 봉양뿐만 아니라 군식구도 먹여 살릴 수 있는 것입니다.

F 더욱이 기생은 돈을 후려내는 데 실로 능합니다. 화대 이외의 수입도 어마어마합니다. 기생이라 해도 기껏해야 16, 7세에서 20세까지로 25, 6 나이의 여자는 한 명도 없는데요, 그런데도 굉장한 수완으로 남자를 홀리고 배짱에서도 결코 뒤지지 않습니다. 기생의 동반자살은 예로부터 절대로 없었습니다.

3년에 졸업 (나가우타도 가르친다)

그럼 화제를 기생학교로 옮겨 보면 K씨의 독무대입니다.

K 아무리 기생을 양성하는 곳이라 하나 어엿한 기생이 된 이후의 농간질까지 가르치지는 않습니다. 규정요령의 한 페이지를 보면 '품행 불량으로 성업 전망이 없다고 인정되는 자는 퇴장을 명한다.'고 적혀 있는데 이렇게 품행 불량을 엄하게 금하고 있습니다. 수업연한은 3년으로 입학 조건이 보통학교(소학교) 4년 수업

（許不製複）　（俗63）　　　The Kisaü School,　　　徒 生 校 學 生 妓　　（俗 凰鮮朝）

평양의 기생학교 생도 평양 기생학교에 입학하는 나이는 12세 내외로, 3년제 교과 과정으로 되어 있다. 평양 기생학교 이전 노래서재의 모습인 듯하다(국립민속박물관, 『엽서속의 기생읽기』, 민속원, 2009).

이상이라고 정해져 있어 12, 3살의 여자아이가 1학년이 되는 셈입니다. 그리고 일반 학교와 마찬가지로 1년을 세 학기로 나누고 있으며 입학금은 1원 50전이며 월사금도 여학교 수준으로 1학년은 1원 50전, 2학년은 2원, 3학년은 3원이므로 가난한 집의 딸은 도저히 다닐 수 없습니다. 게다가 낙제 제도도 있습니다. 3년을 통틀어 일본어, 조선어, 산술, 수신, 서화, 음악, 편물, 무용 등에서 거문고, 사미센, 품격 높은 일본 노래 등까지 여자로서 요리가 빠져 있는 점 이외에는 모두 가르치고 있습니다. 그런데 2학년에 올라가면 특이하게도 권주가라는 과목을 가르칩니다. 현재 학생 수는 250명입니다. 기생양성소는 다이쇼 2년(1913) 12월에 설립되었습니다.

김씨는 마지막에 "기생을 부디 잘 이해해 주십시오."라고 덧붙였습니다.

－오사카 아사히 게재

관기의 유래

오치아이 나오부미落合直文가 저술하고 하가 야이치芳賀矢—박사가 개정한 『언천言泉』
에 의하면 기생은 조선의 고등한 예기 중 하나이다. 고등 예기는 고등 매음, 고등 하숙
보다 어조야말로 다소 좋지 않으나, 학자로부터 고등이라는 감정서를 받았다고 듣는다
면 기생들은 높지 않은 코를 벌름거리며 자아도취에 빠질 것이다. 단, 고등이든 하등
이든 조선인 중 진정한 예기는 기생 외에는 없으므로 이 점에서 볼 때 다소 혼자 설치
는 듯하는 느낌도 든다.

하지만 반형식주의가 마구잡이로 횡행하는 오늘날에는 조선에서도 창기, 작부 구별
없이 객석에 함께 자리하여, 술자리에서 비속한 노래 하나 쯤 부르는 조선 여자를 이
사람 저 사람 구별 없이 '기생이라고' 싸잡아 부르는 심보가 고약한 사람도 있으며 또
그러한 분수에 넘치는 칭호에 만족하는 발칙한 여자들도 많으므로 하등한 예기(?)도
있을 것이다. 이는 마치 내지의 역참유녀나 메시모리온나[1])가 '오이란(고급유녀)'이라 불
리며 우쭐해졌던 시절과 비슷하다.

각설하고 기생이란 본래 '관기'의 별칭으로 조선 태조 때에 관기 중 나이가 어리고

---

1) 메시모리온나 : 飯盛女, 에도시대에 역참驛站의 여관에서 손님의 식사 시중을 들고, 매춘도 하던 여자.

(許 不 製 複)(俗 41) The Court men and women   人官と被官の御殿和中宮壽德 (所 名 鮮 朝)

덕수궁 중화전 앞의 관기와 관인
대한제국 시절 궁중의 연회를 마치고 찍은 기념사진으로 보인다(국립민속박물관, 『엽서속의 기생읽기』, 민속원, 2009).

재능이 뛰어난 자를 선발하여 맥리脈理·침구학鍼灸學을 가르쳐 이로써 의녀로 삼은 데에서 기인하며, 훗날에는 일반적인 기녀를 기생이라 부르게 되었으므로 중국에서 예기를 교서校書라고 부르는 것과 비교하면 이 사이의 사정을 잘 알 수 있다.

×   ×

『삼국사기』의 「신라본기」에는 '신라 제24대 진흥왕 37년 봄, 최초로 원화를 바치다.'고 적혀 있는데 이것이 조선에서의 관기의 시초로 여겨지고 있다.

당시 원화 즉 관기는 총 약 3백 명으로 집안을 알 수 없는 여인들이었던 탓에 이모저모를 검토한 결과, 남모, 준정이라는 두 미인을 선발하여 전적으로 임금의 시중을 들게 하였다. 그런데 이 두 사람은 서로 미모를 다투고 자주 충돌하였다. 결국 순정은 남모를 죽이려고 획책하는데, 어느 날 교묘히 핑계를 대어 남모를 자신의 집으로 초대하고 곤드레만드레가 되게 술을 먹인 후에 강에 버려 살해했다. 하지만 악행은 즉시 발각되어 순정은 죄로 인한 형벌을 순순히 받아들였고 다른 여자들도 화합을 잃고 사방으로 흩어진 탓에 원화는 곧이어 해산되었다.

그로부터 약 300년이 지나 고려의 태조 왕건이 신라를 대신하여 한반도의 패권을 잡고 전주의 견훤과 철원의 궁예를 토멸하고 개성에 도읍을 정한 무렵(서기 936), 백제 유민 중 수척족이 성격이 굉장히 굴강하여 정복하기 어려운 탓에 이들을 노비로 삼아 지방 각 읍에 예속시켰다. 기생은 바로 이 수척족에서 출발했던 것이다.

> 우리 동(조선)에는 본래 기생이 없었다. 백제 유기장柳器匠의 후예인 양수척楊水尺이 있어 그 종족 본래 관적 없이 수초水草를 따라 유랑하면서 사냥을 하거나 유기 파는 일을 했는데, 고려의 이의민李義旼이 양수척을 기적妓籍을 만들어 공을 징수한다. 이후부터 남자는 태어나서 노奴가 되었고, 여자는 태어나서 비婢가 되었다. 이것이 우리 동에 있어서의 기생의 시초이다. 　　　　　　　　　　　　　　　　 ─『필언각비疋言覺非』

지영, 기첩妓妾 자운선紫雲仙에게 양수척들을 입적시키고 한없이 부세를 받았다. 지영이 죽은 후에는 최충헌이 자운선을 첩으로 삼고 인구의 수를 따져서 자운선에게 부세를 받도록 한 까닭에 드디어 양수척들이 글안 군사에게 항복하게 되었다. 이 후부터 읍적에 예속시켜 남자는 노奴, 여자는 비婢로 만들었는데, 비는 대부분 수재守宰들에게 사랑을 많이 받았던 까닭에 얼굴을 예쁘게 꾸미고 노래와 춤을 익히니 기생妓生이라고 지목받게 되었다. 이리하여 기악이 점점 번성해지자, 상하를

조선 기생의 춤
궁궐을 배경으로 한 기생의 관기 복장 사진으로 허리띠에 성수만세
聖壽萬歲가 새겨져 있는데, 고려시대 궁중 연회에서도 이러한 띠를
사용한 기록이 있다(국립민속박물관, 『엽서속의 기생읽기』, 민속원,
2009).

막론하고 음탕한 풍습을 금할 수 없었다.　　　　　　　　－『성호사설星湖僿說』[2]

　　이상의 기록을 종합하면 고려의 관기는 양수척이라는 수초를 따라 유랑하던 일족에
서 출발했음은 명백하며 그들은 강에서 고기를 잡고 강가의 버드나무 가지로 그릇을
만들어 파는 등 원시적으로 생계를 꾸렸으며 일족의 여자들은 이지영이나 최충헌, 첩
인 자운선의 지배를 받았으며 이익을 빼앗기면서 웃음을 팔고 있었는데 끝에는 전 종

---

　2) 『성호사설』 제23권, 경사문.

관기 연무자
관기의 연무 자태 사진으로 어느 공연의 전후에 찍은 것으로 추정된다(국립민속박물관, 『엽서속의 기생읽기』, 민속원, 2009).

기생성장의 연무자 관기의 연무 자태 사진으로 허리띠에 만수무강萬壽無疆이 새겨져 있고 '조선의 민속'의 영문 표기가 'The Manner of Korea'로 되어 있다(국립민속박물관, 『엽서속의 기생읽기』, 민속원, 2009).

족이 정책적으로 각 읍의 노비로 예속되는 운명에 처하였다. 하지만 관기가 된 여자들 중 성적매력이 넘치고 에로틱한 여자는 수령을 유혹하여 육체 노역에서 벗어났고 특수한 작업으로 옮기기 위해 화장을 하거나 가무 연습에 열중하기에 이르렀으니 자연스럽게 관기의 싹을 틔어갔던 셈이다.

그리고 관기의 업무는 주로 물을 긷는 것으로 앞의 책 『필언각비疋言覺非』에는 '수척

(許不製複)(俗招) Gathering of a Court Lady.　　合　集　妓　官　(俗風鮮朝)

관기의 집합 관기의 의상과 주변의 소품으로 보아 〈무고〉, 〈승무〉, 〈가인전목단〉을 추었으리라 짐작할 수 있다(국립민속박물관, 『엽서속의 기생읽기』, 민속원, 2009).

은 관기의 다른 이름이다. 지금 관비로 물 긷는 자를 무자리라 칭한다. 글로써 이를 풀어보면 즉 수척도 물을 긷는 데서 유래하여 이름을 얻는 것이 아니다.'고 기록되어 있다. 즉 관비 중 물을 긷는 자를 무자리라고 부르는데 단어의 소리에서 이를 물을 긷는다는 뜻으로 해석해서는 안 되며 실은 수척을 가리키는 관기(비)의 다른 이름이라고 가르치고 있다. 물론 전술한 바처럼 관기는 관비의 일부이므로 정확하게 이 구분을 지을 수는 없었다.

　또 '수척'에서 '척尺'은 '만들다作'의 의미로 작作은 자者를 의미하는 천칭賤稱이다. 즉 어부는 해척수척이라 불렸으며 사냥꾼은 산척, 나룻배의 주부舟夫는 진척津尺, 잡역 인부는 잡척이었다. 따라서 수척은 '강에서 고기잡이 하는 사람'이며 양수척이라면 고기잡이 틈틈이 유기를 만드는 자가 된다. 지금도 조선 특유의 짐을 나르는 사람을 지게꾼이라 부르며 인부를 모꾼, 차부를 인력차꾼이라 부르는데 여기서 '꾼'은 물론 군대의 '군軍'과는 무관하며 단순히 '인부'라는 뜻이다. 요컨대 척도 꾼과 마찬가지이다. 생각건대 수척은 산와山窩라고도 불러야 할 특수한 민족으로 일반 민중들은 타국자, 천민으로 취급하였다. 그러한 종족에서 맨 먼저 웃음을 파는 여자가 등장했다는 사실은 동서를 통틀어 궤를 같이 하는 듯하다.

박문수가 청년 시절 진주에 거주할 때 모 기생을 총애하였다. 하루는 서재에 있는데 창밖에서 큰 목소리로 얘기하며 한 사람이 지나가는 소리가 들렸다. "아니 그 여자도 서른 가까이나 되는데 여태 시집을 가지 못했다니 불쌍해. 그런데 여자가 가물지 않는 한 누가 그런 못생긴 여자를 좋아하겠나, 한 치도 상대하고 싶지 않을 거야."

문수는 그 말을 듣고 웃음거리의 장본인이 매일 문 앞을 지나가는 소박한 수급비임을 알고 오히려 동정하기는커녕 '그래, 이 몸이 선수를 쳐서 여자에게 열락을 가르쳐 주지.'라고 묘한 남자다움을 표출하여 기다리고 있던 중에, 평소와 같이 해질녘 거리를 서둘러 걸어가는 그녀를 발견하였다. 그는 "이보게, 잠시만 이쪽으로 와 보게."라고 미심쩍어 하는 여자를 무리하게 초대하여 세상 돌아가는 이야기를 나누는 새에 익은 감이 바람도 불지 않았는데도 쉽게 떨어지고 여자는 희열을 굳세게 품고 부랴부랴 돌아갔다.

문수는 얼마 후 상경하여 문관시험인 과거에 급제하여 관리가 되어 10년가량이 지나 승승장구하여 이윽고 암행어사로 명받아 각 지방의 정치상황을 시찰하면서 추억의 진주에 도착하였다.

그의 마음속에는 얼마동안 연락도 없던 부부의 연을 맺었던 기생의 얼굴이 맨 먼저 떠오른 것도 무리가 아니다. 예전의 자신과 달리 화려한 지금의 모습을 보여준다면 그녀도 얼마나 기뻐할 것인가 생각하면 발걸음도 가볍고 가슴도 두근두근 거렸다. 그래서 그는 먼저 기생의 집 문 앞에 멈춰 섰다. 마침 마당에 있던 기생의 어머니가 문수가 변장한지도 모르고 진짜 거지라고 지레짐작하여 약간의 쌀을 주기 위해 다가왔다.

고개를 갸우뚱하며 "아이고, 자네는 본래 이곳에 살던 박서방과 똑같이 생겼네."라고 혼잣말을 했다. 문수는 웃음을 참으며 본인이라고 말하고 이유를 묻는 말에 경성에 간 후 도락이 지나쳐 몰락하여 이 꼴이 되었다고 대답하였다. 그러자 노파는 벌어진 입이 다물어지지 않을 정도로 기가 막혔는지 다 운명이니 우선 방으로 올라와 밥이라도 먹으라며 준비를 시작했다. 마침 귀가한 기생이 어머니로부터 손님이 문수가 거지가 되어 찾아왔다고 듣고 얼굴색을 바꾸고 화를 내면서 빨리 쫓아 버리라고 어머니에게 재촉하였으나 "내일은 변 사또의 생일축하연으로 객석에 나가야 한다우……."라고 혼잣말하면서 마지못해 집으로 들어가 나들이옷 등을 선별하고 문수에게는 일별도 하지 않은 채 무언가에 쫓기듯이 사라졌다.

벼르던 기대를 완전히 배신당해 극심한 환멸을 느낀 문수는 참을 길 없는 울분에 노모의 호의도 무시한 채 볼일을 핑계대고 재빨리 기생의 집을 뛰쳐나와 새삼스럽게 여심의 천박함에 기가 막혀 하면서 멍하니 마을을 걷고 있던 중 뒤에서 누가 갑자기 말을 걸어 왔다.

"혹시 당신은 박 서방님이 아니십니까?"

"음, 내가 박문수이기는 하네만……."이라고 말하며 머뭇머뭇 다가온 사람은 지난번의 계집종이었다. 자라 보고 놀란 가슴 솥뚜껑 보고도 놀란다는 속담처럼 이번에는 문수도 반쯤 냉소하며 그녀를 보았는데 그녀는 그의 손을 잡고 오랜만에 담소를 나누면서 일단 자신의 집으로 이끌고 그

불우한 처지를 듣고 동정한 나머지 통곡하였다.

이윽고 그녀는 옷장에서 한 벌의 수의袖衣를 꺼내고 재회의 기회에 드리고 싶어 오랜 세월 정성을 들여 만든 것을 보관해 두었다며 곡진하게 건넸다. 그리고 식사를 준비하기 위해 방을 나갔는데, 부엌에서 무언가 욕하면서 그릇들을 깨는 소리가 들리니 문수가 궁금하여 무슨 일인지 묻자 "실은 서방님이 입신하시도록 신전을 만들고 오랫동안 공물을 바치고 초를 키며 성심성의껏 기도를 드렸는데 아무런 효과도 없고 지금 정성도 다 헛수고였음을 깨닫고 이익 없는 신에게 분풀이를 했습니다."며 호호호 웃었다. 이를 들은 문수도 함께 웃었으나 심중에는 그녀의 정성에 적지 않게 감동하여 눈물까지 나올 정도였다.

그리하여 무산지몽도 안온하게 아쉬운 밤은 짧게 지나가고 날이 밝아 닭이 재촉하니 문수는 일어나자마자 여자에게 재회를 약속하며 다시 더러운 옷을 입고 어딘가로 몸을 숨겼다.

×

변 사또의 잔치는 이웃 고을의 관리들도 참석한 가운데 매우 성대하게 열리고 있었다. 배반낭자杯盤狼藉, 사람들은 시가와 농담을 나누고 공소폭소의 광풍이었다. 거기에 문수가 나타나 예전 알고 지내던 사이라며 끝자리에 앉으나 기녀는 그를 자기와는 관계없는 사람인 양 무시하며 술도 제대로 주지 않으며 극히 냉담하게 대했다.

문수는 본래 술과 음식에 괘념치 않고 기생에게 미련이 남은 것도 아니었지만, 내심 뜻한 바가

있어 일부러 불평을 해댄 끝에 옆 자리의 관리와 말다툼을 벌이기 시작했다. 상대방은 문수의 풍채를 비꼬고 심히 오만하게 의심스러운 눈초리로 쏘아 보니 하늘 높은 줄 모른다. 한참 옥신각신할 때, 문 앞이 갑자기 술렁거리며 "암행어사 출두요!"라고 외치는 소리가 들렸다.

"첩자다!"라고 일동이 몹시 허둥대니 잔치 따위의 소란은 사라지고 몹시 놀란 표정으로 맞이하였다. 줄레줄레 종자가 청에 들어오는 것을 본 문수는 제일 먼저 냉소를 머금고 소란을 피우는 일동을 곁눈질하고 천천히 정좌로 다가가 다시 변 사또 이하의 인사를 받는둥마는둥 한 후 대강 정무 조사가 끝나자 기생을 다시 불렀다.

기생은 그저 아연실색할 뿐, 자신의 멍청함을 후회해도 이미 엎질러진 물이었다. 그 박정함을 추궁당하고 호되게 질책을 당한 후에 본래는 사형에 처해야 마땅할 일이나 어머니를 봐서 태형에 처한다는 판결을 받자 얼굴이 새파래져 물러났다. 문수는 다음으로 기녀의 어머니를 부르고 얼마간의 쌀과 고기를 주고 고마움을 표시하고 또 계집종을 불러 극진히 대접하고 200금으로 계집종을 기적에 편입시켜 행수로 임명하여 정성에 보답하였다고 한다.

(오백년기담)

3

관기의 업무

官妓の勤め

기생과
시라뵤시_{白拍子}

조선의 기생이라 함은 이른바 일본의 예전 시라뵤시白拍子¹⁾와 같은 것이었다고 말한다면 내지인들은 가장 이해하기 쉬울 듯하다. 관비에서 기생이 발생한 경위는 전술하였는데 훗날 이 기업妓業은 점점 번성하여 교방에서 당당하게 기생을 양성하는 등, 기생들은 일가를 이루어 왕궁, 관서에 출입하였고 또 집에서 손님을 맞아 술자리에서 흥을 돋웠으니 그 모습도 또한 시라뵤시와 거의 같았다.

시라뵤시에 대해 어떤 책은 "창가녀倡家女 시라뵤시는 모두 공정公庭 소속이다. 비록 전경가田京家나 월경운객月卿雲客(고관대작이나 귀족)이 아니더라도 음악과 노래를 배워 가지고 노는 것은 고금에 흐르는 풍문이다."라고 적고 있으며 또 "시라뵤시는 가무를 뽐내어 색을 파는 여자이다."라고도 적고 있다. 관기라 불렸던 기생들도 고려시대 때부터 그것과 비슷한 영업(?)을 영위하였다. 헤이안시대에 기오祇王, 기뇨祇女, 호도케고젠佛御前 등 뛰어난 자들과 재상 다이라노 기요모리平 淸盛의 관계, 미나모토노 겐쿠로 판관 요시쓰네와 총애한 기생인 시즈카고젠靜御前, 또는 소가이야기에 등장하는 소장, 도라고젠虎御前 등의 에로틱한 장면 등, 얼마간 인구에 회자되는 것인데 기생에도 그러한

---

1) 헤이안 시대 말부터 유행하기 시작한 가무歌舞. 또는 그 가무를 추는 유녀. 남장男裝을 하고 노래하며 춤추었음.

이야기는 무수히 많다.

게다가 당시의 시라뵤시를 그린 무대를 보면 대부분 무사나 공경公卿이 주인공이나 조연을 맡고 있으니, 조루리2) 책에 묘사되어 있는 마을 사람과 기생 사이의 다툼은 훨씬 훗날의 치정에 속하는 것이었다. 마찬가지로 기생도 주로 양반과 관련 있는 존재로 서민계급과는 최근까지도 접촉이 없었다.

여기서 조선의 관기에 대해 한 마디 해 두자면, 기생은 본래 관비에서 파생되었고 기적이 있어 관명에 따라 일하였으므로 넓은 의미에서 대부분은 관기였으나 좁은 의미에서는 서울에서 궁에 봉사하는 극히 극소수에 지나지 않았다. 여하튼 시라뵤시는 무가의 몰락과 함께 완전히 모습을 바꾸었고 도쿠가와 시대에는 이미 그 흔적조차 사라지는데 조선의 관기는 고려시대부터 조선시대까지 전후 약 천 년이라는 긴 세월에 걸쳐 명맥을 유지해 왔다.

그런고로 이를 색다른 것을 좋아하는 두서명의 군왕이나 변덕이 심한 재상의 비호, 원조 덕분이라고 보는 것은 단기간을 분석한 것에 지나지 않는다. 그렇다면 관기에게 영속성을 부여한 것은 무엇일까. 지금 그 이유를 곰곰이 생각해 보건대 다소 긴장하여 고찰하면 우선 다음의 제반 항으로 정리할 수 있겠다.

1. 기악으로써 의식, 연회에서 시중들게 했으며
2. 변경에 주둔하는 군장을 위로케 하고
3. 외국의 사신들을 접대케 하고
4. 여의, 재봉부, 기타 여관으로 일하게 했으며 그 밖에
5. 지방 관리를 섬겨 첩, 노비의 역할을 시켰다.

---

2) 일본의 전통예능에 있어서의 반주에 맞추어 이야기를 읊는 행위를 말한다.

이상은 물론 그녀들을 진지하게 관찰한 것인데, 매사에는 표리가 반드시 존재하는 까닭에 뒤에서 이용당한 '여인'으로서의 기생은 더 많은 방면에서 가치를 인정받았음에 틀림이 없다. 기록에 의하면 백제에서 우리 조정에 채녀_{采女}를 공납한 것이나 고려가 원에 매년 50명의 공녀를 바친 사례를 들 수 있다. 당시 원의 조공 사절_{朝貢使}은 공녀 외에도 사리사욕을 채우기 위해 양가의 부녀자들을 마구잡이로 붙잡은 닷에 원의 사신이 온다는 말을 들으면 길거리의 부녀자들은 즉시 얼마 동안 산으로 난을 피했다고 전해진다. 하물며 태생이 천한 관기의 몸으로 절대 권력 하에 노예와 같은 삶을 살았던 기생이 범과 이리 같은 남자에게 육신을 짓밟히고 피를 빨렸음은 상상하기 어렵지 않다. 다음과 같은 관례도 있었다.

〈태수, 기생의 뺨을 지지다〉

남주의 악적_{樂籍}에 재색을 두루두루 겸한 기생이 있었다. 어느 태수, 그녀에게 준 정이 매우 두터워 심히 총해하였으나 임기가 끝나 귀향하게 되자, 문득 대취하여 말하길 "내가 이 마을에서 만약 몇 발만 벗어나도 너는 곧바로 다른 이의 소유가 될 것이다."며 옆에 있던 초를 들어 무참히 기생의 두 뺨을 지지고 길을 떠났다. 그 후 정습명이 이곳을 지나가다 그녀를 보자마자 그 가여운 모습을 측은히 여겨 마지 않다가 이에 손수 시를 지었다.

百花叢裏 淡丰容	많은 꽃떨기 속에 청초한 그 모습이
忽被狂風 減却紅	홀연히 광풍을 만나 고운 빛 잃었구나
獺髓未能 醫玉頰	달수로도 옥 같은 뺨을 능히 고치지 못하니
五陵公子 恨無窮	오공자들의 한이 끝이 없어라.

이를 손수 필사하여 기생에게 주면서 "만일 중국에 가는 사절들이 여기를 지나거든 꼭 이 시를 내보이라."고 말하였다. 이후 이 시를 본 자들은 곧바로 동정을 표하니 그 이익을 얻음이 배가 되었다고 한다.   -파한집

이하 간단하나마 관기의 활동 상황을 살펴보자.

여악女樂

조선에서 시가의 시초는 고구려 제2대 유리왕의 '펄펄 나는 저 꾀꼬리 암수 서로 정답구나. 외로울사 이 내 몸은 누구와 함께 돌아갈거나翩翩黃鳥 雌雄相依 念我之獨 誰其與歸'라는 정가이다. 이는 유리왕이 즉위 3년(서기전 16)에 지은 시로 당시 이미 정비를 잃은 왕은 계비로 화희와 치희라는 두 명의 여인을 맞이하였는데 어느 날 그가 기산에 사냥을 가서 부재중일 때, 두 여인이 서로 질투하여 다툰 끝에 치희가 부끄럽고 분하여 왕의 귀가를 기다리지 않고 도망쳐 돌아오지 않았다.

돌아와 자세한 내용을 들은 왕이 모습을 감춘 치희를 걱정하여 나무 아래에 서서 우수에 젖어 있던 중, 옆 나뭇가지에서 황조가 사이좋게 날아다니니 이를 자신의 처지와 비교하여 무심코 읊은 시라고 『삼국사기』는 적고 있다.

또한 이 책에는 신라 제3대 유리왕 5년 겨울 11월, 왕이 거리에서 한 노파가 기근에 시달리는 모습을 보고 이를 불민하게 여겨 구한 다음, 치하에 궁민이 있음은 자신의 시정이 선하지 않음에 기인한다고 생각하여 즉시 많은 옷과 양식을 준비하여 널리 궁핍한 백성을 윤택하게 하였고, 그 덕이 이웃 영토에까지 미쳤다. 이에 백성들은 왕의 친정을 기뻐하며 답례로 행사를 열어 "오늘 이렇게 '산화'의 노래 불러 뿌리온 꽃아, 너는 곧은 마음의 명을 심부름하옵기에 미륵좌주를 모셔라!"라고 송덕가를 바쳤는데 이는 조선 최초의 향가로 전해지며 "이 해에 민속民俗이 환강歡康하여 비로소 도솔가를 지었는데, 이것이 가악의 처음이다是年 民俗歡康 始製兜率歌 此歌樂之始也."라고 한다.

이는 서기 33년의 일인데 이 향가향악이란 당의 가악에 대한 속가속악의 의미로 조선을 중국의 한 지방으로 간주하여 스스로 비하했던 셈이다.

그런데 강희자전에도 '기생은 여악이다.'라고 기술되어 있듯이, 가무로써 백성의 흥을 돋우는 것이 기생의 본령이었다. 기생의 역사는 유구하나, 고려 때 여악이 공식적으로 채택된 때는 문종 27년 2월로, 교방에서 진경眞卿 등 13인을 연등회에 참가시켜 답사행踏沙行을 가무케 하고 허용한 것이 효시이며 그리고 동년 11월에 신풍루에서 개최된 팔관회 때, 교방의 초영楚英 등 13인이 '신전포구악'과 '구장기'를 연주하자 왕이 친히 임석하였으며 또한 31년 2월의 연등회 때는 초영 등 55인이 1대가 되어 '군왕만세 천하지평'이란 네 글자로 춤을 추기도 했다고 『고려사』는 적고 있다.

그 무렵의 가무는 모두 왕의 덕을 찬양하고 성수만세聖壽萬歲를 비는 것이거나 혹은 신선에 기인하는 길조에서 소재를 빌려오는 등 실로 중국의 색채를 띠는 것으로, 현대인들에게는 아무래도 와 닿지 않는다. 하지만 적게는 십 수 명, 많게는 수십 명에 달하는 미인들이 성장을 하고 상연한 만큼, 그 당당한 모습은 요즘의 기생춤과 같은 인색한 게 아니라 기온오도리祇園舞와 같은 것이었다. 그럼 두서넛 예를 들어 보자.

〈헌선도〉

헌선도란 서왕모를 이용해 악을 이루는 것으로 즉 선려조仙侶調와 유사하다. 당나라에서 고려에 전해졌으며 고려의 최충헌이 군기들로 봉래선아의 왕림과 같은 형태를 만들었고 조선 때는 이를 답습하여 사용하였던 것이다(문헌비고의 고찰에 의한다).

악사는 탁자를 올리고 악공 2명을 이끌어 전각 아래에 두고 음식을 탁자의 남쪽으로 운반하여 나오면 악관은 회팔선인자會八仙引子를 연주한다. 박을 올리면 죽간

자竹竿子를 든 두 사람이 먼저 앞으로 나와 좌우로 갈라선다. 악이 그치고 구호를 한다. 박을 치면 왕모가 좌우의 기와 흥겹게 춤추면서 전진하고 선다. 박을 치면 손을 멈추고 발을 움직인다. 박을 치면 춤추면서 물러나서 선다. 악이 그치고 앞의 악을 연주하고 박을 치면 왕모는 조금 앞으로 들어와 선다. 기技는 선반仙盤을 받들고 왕모의 오른쪽으로 가 서쪽을 향해 꿇어앉아 반盤을 받든다. 악이 그치고 치어를 끝내고 박을 치면 앞의 악을 연주하고 왕모는 선반도를 받들어 탁상에 두고 부복하여 흥겹게 발을 움직인다. 박을 치면 춤을 추며 물러나고 본래의 자리로 돌아온다. 악이 그치고 헌천수獻天壽를 연주하면 왕모는 오른쪽 소매를 올리고 좌우의 기는 바깥쪽 소매를 올려 악절에 맞춰 헌천수를 부른다.

〈등석에 선도를 바칠 때 교방의 치어燈夕獻仙桃敎坊致語〉

삼오야三五夜(십오일)에 등불놀이를 구경하니, 신주神州에 붉은 연꽃 만 섬을 뿌린 것 같고, 일천 년에 한번 맺는 열매는, 신선 어미가 드리는 벽도碧桃 일곱 알이로다.

삼가 생각하옵건대, 주상 전하께옵서는 우禹 임금의 검소함과 부지런하심을 이어받으시옵고, 탕湯 임금의 성스럽고, 공경하심과 같은 지위에 올랐사옵니다. 조정이 청명하매, 폐단이 없사오니, 이미 편안하고 또 편안하옵고, 국가 한가한 때에 이르러 연회를 베풀어 즐기시옵니다. 팔음八音이 잘 화하여, 질서를 서로 빼앗지 아니하옵고, 백 가지 놀이를 다 드리어도 아직 쉬지 아니하옵니다. 경사스러운 관등놀이가 새로움에 환성이 다투어 일어나옵니다. 저희들은 부끄럽게도 광대의 재주 없이, 외람되게 교방敎坊에 나왔습니다. 봉황새 소소簫韶(순舜 임금의 음악에 느껴 창창蹌蹌 춤추는 모양)히 순전舜殿에 와 춤을 추고, 학은 봉래도로부터 와 엄숙히 한지漢池 한 무제. 서왕모를 만나 복숭아 네 개를 얻어먹었다는 곳. 요지瑤池임. 또는 궁중의 연못에 와 노래하옵나이다.

〈구호〉

오색구름 사이에 군신이 녹명(시경의 편 이름. 군신의 연회에 사용하던 악장의 이름)장을 부르며 잔치하옵는데, 반도(서왕모의 천도복숭아)를 처음 따오니, 이슬이 향기롭고 맑으옵나이다. 옛날에 신선의 겁(오랜 일생)을 지났으므로 온몸이 파랗고 새로 임금의 은혜에 취하니 뺨 한 쪽이 붉었나이다. 바람·비 어찌하여 금빛 결실을 재촉하는가. 건곤은 옥 같은 꽃이 꺾임을 관계하지 아니하옵나이다.

한 알을 훔쳐 맛본다 하여도 오히려 천세를 산다 하옵는데(동방삭東方朔전에 나온 것) 하물며 소반 가운데 채운 것을 이바지함에 있어서야 더 말할 나위가 있겠습니까.

〈교방敎坊에서 팔관八關을 하례하는 표敎坊賀八關表〉

조종祖宗의 구제舊制를 받들어 팔관八關의 아름다운 모임을 차리고, 백성과 함께 즐겨 만민萬民의 환심을 고르게 하오니, 기쁨이 신지神祇(천신天神과 지신地神)를 흡족하게 하고 경사가 조야朝野를 휩쓰나이다. 공손히 생각건대, 성상폐하께서 신도神道로 교敎를 베푸시고 태평을 조심으로 지키시며 팔짱을 끼고 옷을 드리우고 앉아 나는 한 것이 없는데도 백성이 스스로 감화하여 제 고장마다 편안히 살면서 업業을 즐긴다 하시니 이는 모두가 임금님의 덕이오나 백성이 어찌 이를 알리이까. 이제 중동仲冬의 가절佳節을 만나 크게 성전盛典을 거행하오니, 아름다운 상서가 답지遝至하여 큰 거북鼇은 산을 이戴고 작은 거북은 도圖를 지고 나오며, 온갖 음악을 다 벌이니 용이 피리를 불고 범이 비파를 타나이다. 첩妾등이 자부紫府에 몸을 두고 동정彤庭에 발을 옮겨, 구주九奏의 음악 소리를 들으니 균천鈞天의 꿈나라에 들어온 듯, 만세수萬歲壽를 받들어 숭악嵩岳의 환호를 간절히 기약하나이다.

―이능화, 『관기의 기원』에서

×   ×

　조선시대의 여기도 고려의 제도를 답습하였으며 관기는 모든 의식과 연석에 배석하였는데 당시에는 필요에 따라 조선 전국에서 기녀를 선발하여 올렸으며 이들을 장악원에 예속시켜 예를 가르쳤다. 하지만 기녀는 관기 외에도 많았으니 그 구별은 전술한 바와 같이 다소 애매하였다. 또 그 밖에도 주로 몸을 파는 여자들도 있었다.

영기 營妓

한무외사는 "한무 때, 비로소 영기를 설치하고 이로써 군사 중의 무처자를 시중들게 하였다."고 적고 있으며 또 오월춘추에는 과부 중 음일한 자를 모아 산 위로 데려가 군사 중 우울한 자는 이 산 위에서 놀게 하여 그 정을 달래였다고 적고 있다.

변방에 주둔하는 군사를 위해 기녀를 두는 것은 미개한 시대의 중요 정책 중 하나였다. 문제는 다르나 과거 남양南洋의 모 회사에서 경작지에서 일할 이민을 모집하여 돌봐주고 도항시켰는데 아무리 힘을 기울여도 도통 정착하지 못하고 옆으로 물이 새듯이 떠나 버렸다. 끝내 단념하려는 순간, 문득 새로운 아이디어를 떠올렸는데 분 냄새 나는 여자를 도항시킨 결과, 그 효과가 즉각 나타났으며 이래 이민 모집의 고생을 줄인 사실이 있다. 또한 얼마 전에는 내지에 거주하는 조선인을 위해 도쿄에 조선창부 전문 유곽을 공인해 달라고 당국에 신청한 사람도 있었다. 이 신청자의 저의는 정확히 알 수 없으나 분명 실제 문제로서 진지하게 고려할 만큼의 가치는 확실히 있다.

언제가 되어야 끝날까. 짐작조차 할 수 없는 전쟁에서 여인을 동반시킴은 생리적으로나 생활적으로나 필요하다. 고대 시대, 야마토타케루가 오토타치바나히메를 대동하여 동정에 나선 것은 소학 아동도 아는 사실이며 진구황후 때, 가쓰라메桂女라 불리는 '고진조로御陣女郎'[1]가 존재했던 예도 있다. 그 후 겐페이시대에 진중으로 들어가 무장

들을 상대로 웃음을 팔았던 여자들은 여러 이야기에 등장하나 당시의 난맥은 심히 어지러웠고 유명한 후지카와전투에서는 엄청난 결점을 드러내고 있다.

다이라노 고레모리平維盛[2]는 동국의 안내자인 다다키요忠淸의 계획으로 인해 생각대로 진행되지 않는다. …(중략)… 헤이케平家의 세력도 작은데다가 겐지源氏군은 나날이 늘어났고 그들은 후지富士강을 건너가 공격을 준비하고 있었다. 그런데 헤이케 일가는 유녀들과 함께 시를 읊고 술을 마시면서 태평하게 시간을 보내고 있었다. 겐지군은 논의한 끝에 다음날의 24일에 공격할 것을 정하였다. 밤도 점차 깊어가고 헤이케 일족들이 거의 잠들었을 무렵, 후지강의 늪에서 놀고 있던 몇 마리의 물새가 겐지군 병사의 갑옷이 부딪히는 소리와 말소리에 놀라 날아갔다. 그 소리에 헤이케 일족이 놀라서 겐지 병사들의 공격 소리로 착각하여 금세 쳐들어 올 거라 생각한 그들은, 장군인 고레모리를 비롯해 무기를 챙기는 것도 잊고 갑주도 잊고 궁시도 떨어뜨리고, 큰 궤, 가죽 바구니, 말안장까지 모두 다 잊어버리고 당황하여 허둥거렸다. 부모는 아이를 챙기지도 않았고 종자는 주인을 상관하지 않고 모두 먼저 살겠다며 도망갔다. 함께 있었던 유녀들은 밟히면서 다치거나 죽었으며, 울면서 도망갔다.
— 『源氏盛衰記』

이 시대의 무가와 유녀의 관계는 극히 방종했으며 청초한 용모의 시라뵤시 등이 거친 무사들 투성이의 진중에 출입하면서 수염 난 남자들을 마음대로 조종한 모습을 센류川柳[3]의 작가는 과감하게 풍자하고 있다.

---

1) 무사들과 함께 전장에 나가는 여자들.
2) 다이라노 코레모리平維盛 : 헤이안平安시대 말기의 무장(1118~1181) 다이라노 기요모리平淸盛의 손자.
3) 하이쿠俳句처럼 5·7·5의 3구 17자로 이뤄지며 주로 자연과 서정을 노래하는 하이쿠와 달리 인간사와 세태를 풍자하는 짧은 시를 말한다.

진바오리 입고 깔깔 거리며 웃는 시라보시.

비단 갑옷을 입은 모습에 매혹되어 돌아가는 시라보시.

시라보시 바치나니 무겁게 안으소서.

×　　　　　　×

　조선시대의 영기는 4대 세종 때, 함길도 절제사인 김종서가 한반도의 북쪽 지방을 두만강 연안까지 개척하고 4군 6진을 설치하고 한반도의 남쪽 및 강원도의 백성들을 이주시켰을 때, 그 성업을 축하하여 연회를 열고 기녀를 두어 둔전병(?)의 울적함을 달랬던 데서 시작되었다고 한다.

　또 기록에 의하면 예조가 "평안도 영변부가 거진이 되면 기녀 60명을 둘 수 있도록 청하였다."고 왕의 윤허를 구한 점, 제8대왕 예종이 당시의 폐기론에 대해 "성내의 기녀들은 모두 이를 파면하고 변방의 기녀만을 유지해야 한다. 변방의 군사들은 만사에 부자유를 느끼고 있기 때문이다."고 말했으며, 후대왕인 성종도 또한 같은 문제에 대해 "연변 지역에 주둔하는 군사들은 집과 고향을 떠나 오랫동안 주둔하고 있는 까닭에 기녀를 두어 위안시킬 필요가 있다."며 멋들어진 판결을 내린 적도 있다.

　이처럼 교통이 불편했던 시절의 조선에서는 영기의 필요성을 충분히 인정하고 있었는데 영기 중에는 꽤 똑똑한 자도 많아 평양의 계월향, 진주의 논개 등은 여장부로 특히 유명하다.

정유재란(게이초 2(1597)) 때, 진주목사 서예원徐禮元과 창의 김천일은 약 6만 명의 병사를 이끌고 진주 수비라는 임무에 임하고 있었다. 그보다 앞선 임진왜란 당시, 진주의 판관 김시민은 고작 수천의 잔병을 지휘하여 실로 십만 명의 일본군을 저지하여 성을 누란지위에서 구했으니 병사의 수에서 본다면 이전 전쟁과 비교해 실로 열배에 달하는 강점이 있었다.

때마침 진주 관기 논개는 '이번 전투에서 성을 지킬 수 있을지 심히 불안하다.'고 몰래 탄식하였다. 그런데 이를 어디에선가 전해들은 수장 김천일이 불 같이 화내며 즉각 논개를 불러들여 아군의 기백을 떨어뜨리는 말을 함부로 내뱉은 불충함을 질타하고 수비에 우려를 품고 있는 이유를 힐난하였다.

이를 들은 논개는 얼굴을 바로 하고 "임진왜란 때는 성내의 장병들이 잘 화합하여 명령대로 전국 일치의 행동을 보인 까닭에 전투에서 패하지 않았으나 이번 장군들의 기세를 보옵건대, 전혀 통일되지 않았고 장군들은 병졸을 헤아리지 못하고 병졸들도 마찬가지로 장군의 마음을 헤아리지 못하는 형국으로 이러한 군대는 제아무리 많은 수의 병사를 거느리고 있어도 도저히 승산이 있다고 할 수 없사옵니다."고 두려운 기색 없이 말하였다.

이 말에 벌컥 성을 내며 김천일은 "이는 군을 현혹시키는 요언妖言이다."며 그 자리에서 논개의 목을 치려고 칼을 뽑아 드나 측근의 저지로 행동에 옮기지 못한다.

이윽고 전투가 시작되어 일본군이 공격해 오자 수병들은 한 시의 지체 없이 패주하였고 성은 쉽게 적의 손으로 넘어갔다. 그런데 논개는 그 날, 무슨 생각에서인지 유달리 아름답게 화장하고 성장하여 촉석루 아래로 나가 돌 위에서 미태를 뽐내며 쓰러진 채 몰래 때를 기다리고 있었다.

이런 사실을 전혀 모르던 한 명의 왜장이 태풍이 휩쓸고 지나간 듯한 전쟁터에 젊은 여성이 쓰러져 있는 모습을 보고 측은지심이 들었는지 가까이 다가가 돌보려고 하자, 논개가 갑자기 그의 허리를 세게 부여잡고 단단하게 조인 채로 수백 자 깊이의 물을 향해 몸을 던졌다.

그녀는 아군의 패전에 분개하며 죽음을 각오하고 실로 훌륭히 적장을 죽였던 것이다.

(오백년기담)

외국 사신의
접대

　조선을 찾는 외국 사신이라 하면 가끔 방문하는 일본의 수교사를 제외하고 대부분이 중국의 사신들이었다. 그도 그럴 것이 당시 조선은 중국의 속국이었던 만큼, 그것이 오히려 당연했는데 이 사신이 올 때마다 조선에서는 중앙은 물론이거니와 지방의 기녀까지 접대를 하느라 분주했다.

　조선의 5대왕인 문종 즉위년, 중추원의 박연은 "공연에 여악을 이용하는 것은 예의가 아니다. 태종(3대) 때, 사신 단목례는 여악을 보고 매우 잘못이라 하며 한 번도 그 설행을 허락지 않았으며 또한 올봄에도 사신 예겸倪謙과 사마순司馬洵 등 일행이 입경하여 여악을 보자마자 이는 오랑캐의 풍습이라고 지적하였다. 스스로 예의의 나라로 칭하면서 어찌하여 이러한 치욕을 감수할 수 있는가."라고 아뢰며 여악 폐지를 건의한 적이 있다.

　또한 6대 단종 원년 정월에는 황주의 백성이 "중국 조정의 사신이 오는 경우에는 해주, 안악, 풍천의 모든 읍에서 기녀를 부르는 것만으로도 충분하니 본주에 기녀를 상치할 필요가 없으므로 부디 이를 혁폐하여 주십시오."라고 상언한 기록이 있다.

　각 경기京妓와 주기州妓가 각지에 분포하여 이웃의 강대국인 중국 사신의 시중을 들며 공물로 바쳐져 도진오키치[1]의 역할을 담당한 것은 꽤 오랜 세월 동안으로, 8대 예종 때에는 폐기하자는 의견까지 나와 '성내의 기녀를 일체 해산시키더라도 변방의 기녀는 보존하여라.'는 왕의 명령에 대해 지식인들은 '외국 사신이 오는 경우, 기생은 반드시 소용이 있다. 만일 성내의 기녀를 해산시킨다면 외국사신을 접대할 때 지장이 발생할 것은 불 보듯 뻔하다.'고까지 말했다.

인조 때, 청나라 사신이 스스로를 하늘의 사신이라 칭하며 '인조를 조선의 왕으로 책봉한다.'고 소위 칙유를 지참하였을 때 등, 아름다운 기녀의 입송을 독촉하고 패행을 저지르고 수뢰를 마음대로 자행하고 각 읍의 기생을 여관에 하루하루 입방시켜 그 중에서 마음에 든 자가 있으면 데리고 입경하였으며 또 경성에서는 여의(관기) 외에도 무녀까지 시중을 들도록 명하였다. 만약 사대부가 주저하는 기색이라도 보이면 가차 없이 그들을 구타하였다고 전해진다.

더욱이 이 폭력과 학대에 대해 조선 측은 끽소리도 못하고 오히려 '국가의 관기를 설치하여 결혼을 금함은 본래 외래의 사신을 위안하여 기쁘게 하는 데 목적이 있다. 실제로 방기房妓를 비치하는 것도 그를 위함이다. 그런데 풍문에 듣기로 재경在京의 창류는 그 수가 적은데다 사부私夫[2]가 숨긴 탓에 한층 더 부족하여 부득이 하게 무녀로 이를 대신하기에 이르렀다. 그렇기는 하나 무녀는 일정하게 남편이 있으니 이를 이용하는 것은 유부녀를 침탈하는 행위와 같으니 풍기 상 허용할 수 없다. 이 때, 기내畿內 및 남도 각 읍의 관기를 선발하여 그 정수를 충당하고 더욱이 관기를 감추는 악례惡例를 엄금하여야 한다.'고 포고문을 발표하여 기생의 보충을 도모하고 있다. 이로써 기생이 어떻게 이용되었는지를 잘 알 수 있다.

---

1) 唐人お吉. 막부 말 일본주재 미국 총영사의 시첩.
2) 부부 생활이 허락되지 아니했던 옛날에 관기가 남 몰래 두는 남편.

여의 女醫와
시침비 針線婢

    기생이라는 말의 시초는 관기에게 의료기술을 시행케 한 데서 유래한다고 서술하였는데 태종 때 제생원의 허도는 "부인들은 병이 났을 때 남자의원이 진맥하고 치료하면 혹 부끄러움을 머금고 나와서 그 병을 보이기를 즐겨 하지 아니하여 사망에 이르곤 합니다. 원컨대 궁사의 어린 여아 열 명을 골라 맥경과 침구의 법을 가르쳐 이들에게 부인들을 치료하게 시킨다면 전하의 덕에 큰 보탬이 될 듯합니다."고 주청하여 허락을 받고 흔히 삼남지방이라 불리는 충청, 경상, 전라 세 도에서 관비(기녀) 중 영리한 소녀를 선발하여 올린 것이 조선에서 여의가 탄생한 시초였다.

제생원 터

과거, 오직 비생산 일변도였던 관기의 임무가 의술방면으로 확대된 일은 여약에 비해 매우 실용화된 것이나 이 여의 겸 기생의 병아리들은 경성에서 관비 양성을 받는 가운데 백미 한 석을 수당으로 지급받았다. 당시의 기록을 보면 다음과 같다.

제조提調는 매달 여의학생의 성적에 대해 시험을 치러 우등생 3명에 한하여 3개월분의 급료를 주고 불합격자에게는 벌로써 ……

내국 여의 12명에 대해 본국 당번의 관원은 매달 2, 6일에 본업에 관한 교과서를 가지고 시강하고 1개월분을 계산하여 6점 이상이면 급료를 주며, 또 본국의 제조는 이를 장려하기 위해 매달 1회 반드시 고시를 행하여 우등생에게는 면포 2필, 차점자에게는 1필씩을 호조에서 지급한다 ……

상여賞與와 벌봉罰俸을 미끼로 소녀들을 가르친 모습을 엿볼 수 있는 규정이나 의사는 본래 사람 목숨에 관해 무거운 책임을 지는 직종인 만큼 결코 쉽게 될 수 없었고 한 사람의 몫을 하기까지 시험지옥에 꽤 마음을 졸인 기생도 있었던 것이다.

양성과정을 수료한 여의는 제생원 기생이라 불렸으며 훗날에는 혜민서기생, 약방기생이라고도 불리었다. 이 기생들은 항상 침통을 들고 다녔는데 여의가 된 후에는 고향으로 돌아가 진료를 보는 자도 있었다. 하지만 모두 기녀의 임무는 여전히 겸하고 있던 탓에 때로는 의사도 일본 쿠사츠草津 온천도 고치지 못하는 사랑의 병을 치유하는 독특한 묘법까지 응용하여 훌륭한 성과를 올린 것으로 보인다.

침선비 즉 재봉부로서 기생이 일하게 된 기원은 정확하지 않으나 이는 원래 여자의 일이었던 만큼 시비인 기녀가 이에 관여했다고 해서 그리 이상한 일은 아님에 틀림이 없다. 아마도 궁중에서 여약 폐지론이 제기되자 기녀로 일할 수 없게 되어 간판을 바꿔 단 것에 지나지 않을 듯하다.

기방풍정妓房風情 (사계풍속도 중 제3폭)
국립국악원, 『조선시대 음악풍속도 II』, 민속원, 2004.

　　그리고 침선비는 상의사尙衣司에 속했으며 이도 마찬가지로 기업을 여전히 겸하고 있었으므로 일반적으로 상방기생이라 불렸다. 이처럼 이 상방기생과 약방기생이라는 두 가지는 조선시대의 본격적인 관기였다.

지방관과
기생

봉건제가 아니었던 조선의 지방관은 대부분 경성의 저택에 가족을 두면서 임지에는 홀로 부임하였다. 그런 연유로 자택에는 노비가 있었으나 근무지의 하인은 주종관계가 아닌 상관과 부하의 관계였다. 그리고 근무지의 기생은 신변을 돌봐주었으며 술자리에도 배석하고 잠자리 시중까지 드는 존재로 재직 중에는 처첩과 몸종을 겸하는 굉장히 편리한 존재였다.

당시, 양가의 부녀자는 오로지 내방에 거주하며 물고기처럼 묵묵히 평생을 보냈기에 조선의 옛날이야기 중 기생 이외의 부녀자가 등장하는 이야기는 거의 찾아볼 수 없을 정도이다. 마찬가지로 지방관도 일본이라면 탐관오리와 양가의 처녀 혹은 첩을 연줄로 출세한 어정뱅이가 관리와 결탁하여 지방 백성들을 괴롭히는 등, 강담講談의 소재도 될 법 한데, 조선에서는 대개 기생 하나로 끝이 난다. 본래 관비이므로 상당히 무리가 통하는데 그런 연유로 개중에는 몹시 도가 지나친 불한당도 있었다. 『광한루기』라는 춘향의 열녀기를 그린 소설도 이 간의 사정을 그린 것인데 여기서는 난센스를 한두 가지 소개해 보겠다.

지방의 기생
부채를 들고 있는 지방의 권번 기생
(국립민속박물관, 『엽서속의 기생읽기』, 민속원, 2009)

〈뱀이 된 기생 이야기〉

　전라도 남원에 재임 중, 한 기생과 깊은 연을 맺은 파성령이라는 관리가 있었다. 특별히 임금의 총애를 받아 전임의 명령을 받아 이윽고 그곳을 떠나게 되어 이별의 자리에서 추억을 새기고 있을 때, 기생이 울음을 터뜨렸다.

　"소첩은 지금 영감과 이별하여 혼자가 되어 이곳에 남는다면 어차피 오래 살지 못할 것이라 생각합니다. 사랑하는 낭군님과 함께 가지 못하는 것은 비천한 소첩의 불운이니 포기하겠습니다만 만일 이 외로움이 점점 심해져 상사병으로 죽는다면 영감을 그리는 일념으로 뱀이 되더라도 꼭 옆을 따르겠습니다."

이렇게 말하고는 관례대로 무릎에 매달려 죽을 듯이 끈덕지게 호소하였다. 어수룩한 이 관리는 기생의 수완을 죄다 참말로 받아들이고 기뻐서 어찌할 바를 모르고 그 후에 만나는 사람마다 꼭 이 기생 자랑을 늘어놓으며 미남자인 양 과시하곤 했다. 그리하여 남원에서 공주로 갔을 때, 군수인 정사문(『송계만록』에는 정희현鄭希賢이라 쓰여 있다.)은 어느 날 저녁, 그를 초대하여 연회를 열었는데, 정군수는 장난을 좋아하는 사람으로 상대방이 남원에서의 정담을 함부로 떠들어대는 것을 미리 소문으로 듣고는 그를 역이용하여 술자리의 흥을 돋우고자 생각해 뱀 한 마리를 잡아 와서 몰래 방석 아래에 숨기고 시치미를 떼고 파성령을 맞이하였다.

이윽고 술자리가 무르익었다. '이 때가 절호의 기회'인 양, 군수는 무릎을 서서히 들어 자리를 옮겼다. 그러자 후끈후끈한 곳에 오랫동안 숨을 죽이고 있던 뱀이 가까스로 해방된 기쁨에 대가리를 쳐들면서 꿈틀꿈틀 기세 좋게 움직이자, 군수는 자못 깜짝 놀란 얼굴로 "아니, 이런 괴이한 일이! 도대체 어떻게 뱀이 이 시간에 이런 장소에 들어왔단 말인가!"라고 외쳤다.

그것을 듣자 남원 사람, 경악하여 얼굴이 새파래지며 "아, 그 기녀가 결국 나를 그리다가 죽었구나, 우둔한 짓을 했구나. 그렇다고는 하나, 실로 이렇게 빨리 내 곁을 찾다니. 진정으로 신의가 있는 여인이로다." 하고는 눈물을 쏟았다. 군수는 새삼스럽게 웃지도 못한 채 입을 다물고 보고 있자니, 파성령은 입고 있던 웃옷을 벗어 뱀을 정성스럽게 싸서, 부근의 무덤으로 가져가 잘 묻어 주었다.

×   ×

관리가 부임지의 기생을 자유의 몸으로 풀어주는 것 이외에 중앙정부에서 지방으로 출장 가는 관리에게 주색을 바치고 비위를 맞추는 일도 상당히 많았다. 그러나 이는 지방에서는 지금도 여전히 일어나고 있는 듯한데 온갖 성찬으로 상대방을 구워삶아, 가렴주구에 전념하는 지방행정의 결점을 너그러이 눈감아 달라고 하거나 관비로 출세의 끈을 만들려는 흑심이 있는 만큼, 그야말로 융숭한 대접인데 이도 '강기숙정綱紀肅正'이라는 말을 깨끗이 잊어버린 일당들이 많아 이를 당연한 부수입 정도로 여기고, 상대방이 불만을 말하면 오히려 재촉까지 하는 수준까지 추락하였다. 하지만 감사만은 이른바 감시자 역할을 수행하였기에 지방관도 이를 삼갔으며 본인도 신중하게 행동하며 결코 기세를 누그러뜨리지 않았으나 나중에는 이 감사까지 주색에 빠져 뇌물을 받고 직무를 소홀히 하기에 이르렀다.

〈빌린 물건과 소유주의 이야기〉

한 감사가 있었다. 지방 순찰 중, 한 고을에 도착하여 그곳의 관리에게 주식의 향응을 받은 다음, 권하는 대로 한 기생을 동방에 들여 여행의 따분함을 죄다 달래고 하룻밤 열락에 흠뻑 젖었다. 다음날 아침, 그가 변소에서 볼일을 보고 방으로 돌아가려 하자 사내종이 황급히 뛰어와 "대감, 꼭 들으셔야 할 발칙한 사건이 일어났습니다. 방금 대감이 침소를 나와 변소로 들어가자마자 어디선가 한 젊은이가 동방에 숨어 들어가 대담하게도 대감의 시중을 들던 기녀를 붙잡고 재빨리 범하고는 도망쳤습니다. 바로 잡으려고 했습니다만 일단 아뢴 후에 군수를 질책하고 본인을 잡아 혼쭐을 내주는 편이 훗날의 교훈이 될 거라 생각하여....."라며 생색내며 밀고하였다.

빈객의 얼굴에 먹칠을 한 발칙한 사건이므로 당연한 결과로 죄인은 질매叱罵와 곤장에 처해져 아이고를 외치는 신세가 될 터인데 의외로 감사는 그저 쓴 웃음을 지을 뿐 전혀 문제 삼을 기색을 보이지 않았다. 완전히 김이 샌 사내종이 수상히 여겨 그 이유를 묻자 "그게, 괜찮으니 입 다물고 있어라. 본래 그 남자의 허락 없이 내가 사용했으니 주인이 나 몰래 손을 댔어도 호되게 나무라지 못하지 않겠느냐." 라고 말하며 껄껄 웃었다.

4

관기 화려했던 시절

官妓華やかなりし頃

고려시대의
전성기

"도시여 음력 3월의 자운에 꽃향기 풍기는 연회 자리....."라는 시의 시구처럼, 속악을 사랑해서 항상 기녀를 끼고, 가무음곡을 연주시키고 끝없는 열락에 빠졌던 관기의 팬이라고 할 만한 인물이 고려의 광종이었다.

광종은 명군, 현주로 칭송받던 인물이나 좋아하는 길에는 헤매기 쉬운 길이 있다고 했으니, 충신 히코자에몬彦左衛門이라 칭할 수 있는 최승로라는 완고한 충신이 "이른바 속악이란 창기의 유희로, 분과 주홍빛 입술을 바르고 온갖 교태로 음란한 마음을 불러 일으키고 우아한 기품을 심히 녹이는 것이 이보다 더한 것이 없다. 만약 향토 풍속을 보존하려면 마땅히 영인으로 하여금 전습하게 하여 옛 사상을 보존할 따름으로, 어찌 음탕한 여자에게서 취할 것인가."[1]라며 비난의 상서를 올린 적이 있다. 그런데 광종은 그러한 상서에 기가 꺾일만한 손쉬운 사람이 아니었으며 기녀를 지지하기 위해 간언 서諫言書를 무시하고 기녀를 물리치는 것을 받아들이지 않았다.

이렇게 에로티시즘에 심취한 고려의 왕은 그밖에도 예종, 의종, 충렬, 충숙, 신우 등 많은데 그 탐닉의 모습을 일일이 열거하면 재미가 없으니 여기서 두 서넛 사례를 약기

---

1) 『동사강목』 제7하. 정사년 문종 31년(송 신종 희령 10, 요 도종 태강 3, 1077).

해 보겠다.

예종은 11년 12월에 역귀疫鬼를 쫓는 대나를 대대적으로 거행했을 때, 서울의 창우잡기倡優雜伎는 물론이거니와, 외관, 유기(지방 주읍 소속의 기녀)까지 모조리 모은 탓에 원근遠近에서 무리를 지어 서울로 올라오는 기녀들의 무리가 끊임없이 긴 뱀처럼 이어졌고 단체의 깃발은 연도를 꽉 채웠다고 전해진다. 왕은 대단히 여악을 좋아했는데 특히 영롱玲瓏과 알운遏雲이라는 두 기녀를 총애하여 종종 이들을 불러 가무를 명하여 은상恩賞을 하사하였으니 이윽고 고효충이 '감이녀感二女'라는 시를 지어 이를 풍자한 바, 오히려 왕의 역린을 건드려 쫓겨났다.

의종도 늘 기녀를 사랑하여 어느 날은 장단長湍에 행행하여 19척의 채선彩船을 띄워 많은 기녀들을 태우고 신하와 함께 성대한 연회를 거행하였다. 또한 충숙왕은 기녀 만년환萬年歡을 규방에 불러 들였다는 기록도 남아 있으며(이러한 일까지 기록으로 남긴 관리는 개에게 물려 죽었다), 충렬왕은 기녀 적선래謫仙來를 깊이 총애하였는데 어느 날 그녀가 집 부근에 사는 남자에게서 배운 '태평곡'을 부르는 것을 듣고 깊이 감동하여 '이렇게 글에 능한 자라면 재능이 있음이라. 이러한 재능 있는 자는 등용해야 한다.'며 즉시 가곡의 작자인 김원상, 박원재 두 사람을 불러 관직을 하사하였다고 전해진다.

또 한 사람은 신우왕인데 그는 고려시대 말엽의 혼군昏君으로 열 살 때 즉위하여 재위 13년에 강화도로 축출 당한다. 그렇게 유배된 후에도 여전히 정신을 못 차리고 강화도에 건너갈 때 영비와 함께 기녀인 연쌍비를 대동하였을 정도로 철저한 탐닉자였다. 이 신우의 출생에 대해서는 다음과 같이 전해지고 있다.

> 고려의 승려인 신돈, 공명왕을 섬겨 총애를 받아 권세를 휘두르며 국정에 용훼容喙하여 늘 자신의 뜻을 관철시킨다. 신돈, 대신의 직에 앉은 후에 사비인 반야를 임신시키고 반승 능우에 명하여 사비를 그의 어머니의 집으로 보내어 해산케 하였다. 이를 모니노牟尼奴라고 이름 짓고 능우에게 양육시켰다. 아이, 몇 개월 후에 병에 걸

려 죽는다. 능우, 신돈의 질책이 두려운 나머지, 급히 사람을 시켜 태어난 날과 시가 같고 용모가 닮은 아이를 물색하여 이를 데려와 키운다. 1년 정도 지나 젖을 뗄 무렵에 신돈 이 아이를 데려 오는데 그도 반야도 아이가 바뀌었음을 알아채지 못한다.

마침 공민왕, 대를 이을 아들이 없음을 깊이 우려하니, 하루는 신돈의 집에 거둥하였을 때, 신돈은 모니노를 왕에게 알현시키고 "청하옵건대 이 아이를 왕의 후사로 삼으소서."하고 부탁한다. 왕, 미소를 띠며 대답하지 않으나 속으로는 응낙의 뜻이 있어(일설에는 왕이 반야를 임신시켰다고 한다.) 그 후 신돈, 그의 월권행위에 대한 원성이 점차 높아지니 축출이 두려워 반역을 꾀하니 처형당한다. 왕, 신돈의 집에 거둥하였을 때 모니노를 한 사비에게 얻었다고 말하고 궁으로 불러 들여 키운다.

짐작하건대 반야라는 여인은 관비 즉 기녀로 신돈의 첩이였던 듯하다. 신우가 과연 공민왕의 사생아인지 신돈의 아들인지 혹은 어디서 굴러먹던 말 뼈다귀인지는 알 수 없는데 어쩌면 그의 어머니도 모르는 아이였을 지도 모르나 어쨌든 아버지로 알려져 있는 신돈은 황음荒淫의 끝을 모르는 파계승으로 그 횡포에 대해서는 다음의 기록이 남아 있으니 신우도 그 영향을 받은 것이다.

신돈, 처음 국정을 잡으니 기현의 집에 머물며 기현의 아내와 사통한다. 기현 부부는 시측侍側하니 마치 늙은 노비와 같았다. 신돈의 위권威權이 점차 커지니 살수가 있어 이를 사지에 몰아넣으려는 바, 뜻대로 되지 아니하였다. 만약 사대부의 아내와 첩 중 얼굴이 예쁜 자가 있으면 그에게 매번 허물을 씌워 순군옥에 가두고 현 등 영인에게 그 집에 전하게 하였다. 만약 아내, 첩이 찾아와서 남편의 억울함을 호소하면, 즉시 풀어주겠다고.

그 부인, 즉시 신돈의 집에 도착하여 대문으로 들어가면 마종이 사라지고 중문에 들어가면 비복婢僕이 사라진다. 신돈의 가인家人이 이끌고 가 내문에 들어선다. 신돈 홀로 서당에 앉아 옆에 금침을 깔고 마음대로 실컷 탐미한다. 욕애欲愛하는 자는 즉시 수일을 머물게 하고 이를 보내어 남편을 풀어주게 한다.

혹은 만일 불손죄, 혹은 유배로 인해 죽게 된 자가 있으면 아내는 그 남편이 옥에 갇힌 것을 듣자마자 꼭 즉시 화장하여 우선 신돈의 집에 도착하니 거의 허일이 없다. 신돈은 양기가 쇠약해질까 두려워서 백마의 남근을 잘라 먹거나 혹은 지렁이를 생채로 먹었다. 당시 사람들은 (그를) 늙은 여우의 요정이라 생각하였다.

참으로 잔혹한 놈으로 여우인지 승려인지 알 수 없으나 실로 인간의 경계를 넘어서고 있다. 그러므로 신우도 매우 조숙하여 즉위 6년 11월, 출유出遊 길에 이종덕의 비첩 매화를 보고 그 용색에 반해 폭력으로 궁중으로 납치하여 자신의 베개 옆에서 시중을 들게 하는 등 불량한 짓을 저지른다. 총애하는 기녀인 연쌍비를 명순옹주에, 소매향을 여순옹주에 봉하고 국정은 제쳐 놓고 정신을 빼앗겨 많은 기녀들과 같은 옷차림을 하고 말을 달려 멀리 나가거나 혹은 물놀이를 하고 같이 목욕을 하며 야단법석을 떠는 등, 유탕삼매遊蕩三昧에 빠졌다.

×   ×

고려시대의 기녀의 전성기에는 군왕만이 깊이 총애하고 색에 빠져 있던 게 아니었으며 중엽 이후에는 사대부들 중에서도 기녀에 빠지는 사람들이 점차 많아져 처첩으로 삼아 동거한 탓에 훗날에는 기녀의 몸을 빌려 태어난 고위 관료까지 적지 않았다.

당시 상류사회가 얼마나 문약文弱했는지는 이상국이 춘망부春望賦에 "…… 왕손과 공자들이 호탕한 벗들과 함께 봄놀이 할제, 뒷수레에 실은 기생들 노랑 소매에 붉은 치마 차림이다. 멈추는 곳마다 자리 깔고 옥으로 만든 피리와 생황 불며 비단 같은 온갖 꽃 바라보고 한껏 취한 눈으로 바라보며 어정거린다."고 적고 있듯이 쉽게 상상할 수 있다. 그리고 그 무렵에 기녀를 둘러싸고 벌어진 갈등을 두서너 가지 적기摘記해 보겠다.

이의민의 아들인 이지영은 견룡牽龍 박공습朴公襲과 기녀를 둘러싸고 싸워 끝내 칼을 빼어 들어 공습을 궁문에서 쫓아냈는데 고종(왕)이 이를 벌하지 않고 기녀를 오히려 감옥에 가두자, 지영이 구멍으로 감옥에 잠입하여 기녀를 탈출시켰다.

-『동국통감』

최충헌의 아들인 최이는 어릴 때 우瑀라 불렸으며 지위가 차차 올라가 추밀원부사樞密院副使[2]가 되었는데 굉장히 기녀를 사랑했다. 당시, 승선인 차척車倜은 재능이 부족함에도 불구하고 오로지 영색으로써 사람에게 아첨하고 최충헌에게 아부하여 등용되어 권세를 안팎으로 떨쳤다. 최우가 이를 질투하여 나주로 유배시켰는데 훗날 비밀리에 서류를 위조하여 소환하여 추밀원부사, 어사대부를 제수하고 널리 궤유饋遺하였으며 또 자신이 사랑하는 명기名妓 옥기향玉肌香을 주어 위로하였다.

-『고려사』

이안사李安社[3](이성계의 고조)는 전주의 백성이나 본디 용감하고 자부심이 강했다. 평소 사랑하는 기녀가 어느 날 관찰사(지방장관)의 수청을 든다는 사실을 알고 밤중에 객사의 서상西廂에 가 불러낸다. 기녀는 주저주저하면서 일어서 나왔다. 이를 안 관찰사는 격노하였고 종자를 불러 속히 그를 잡아들이라고 엄명한다. 위기에 몰린 이안사는 갑자기 방중을 습격하여 그 자리에서 장관을 베고 기녀를 겨드랑이에 끼고 박차를 가하여 밤중에 백여리(조선의 십리는 내지의 일리)를 달려 비로소 선주 덕전(지금의 덕원)에 도착하였다.

-『오산설림』

---

2) 일본어 원문에는 추밀부사樞密副使라 적혀 있음.
3) 일본어 원문에는 이안장李安莊이라 적혀 있음.

권의權宜는 충렬왕의 총애를 받아 기녀를 사방에서 구하였고 진주에 이르러 진주 사람 정연鄭延의 애기를 빼앗으려 했으나 정연은 애기와 함께 도망쳤다. 이에 권의는 그의 어머니를 가두었다. 이에 정연은 자수하였고 권의는 그를 죽였다.

-『고려사』

이의풍李宜風은 본래 원나라 사람이나 충숙왕의 폐신嬖臣이 되어 금달禁闥에 출입하면서 권세를 휘두르고 수뢰에 전념하고 진양晉陽의 기녀 월아月娥를 익애한다. 당시 사람들은 이로써 관직을 얻는 자 많았다. -『고려열전』

충숙왕이 원나라에서 돌아오는 도중 잠시 평양에서 휴식을 취하고 있을 때, 찬성사 손기孫琦가 기녀를 끼고 대동강에서 악을 멋대로 즐기는 모습을 보고 대노하여 위사에게 명하여 손기를 잡아들여 고문하였다. -『고려열전』

조선시대의 관기

조선시대의 문물제도는 대체로 고려의 것을 답습한 것이기에 왕궁에는 관기가 출입하였고 지방에도 주기, 읍기가 있었으며 또 창기가 손님을 맞는 청루青樓도 존재했다. 하지만 여기서도 파란이 불어 닥쳐 조선왕조 500년간 처음부터 몇 차례 폐기문제가 대두되었고 관기의 존재를 부인하는 경향이 있었으며 동시에 이와는 반대로 때때로 규정에서 벗어난 왕이 기생을 극단적으로 옹호하여 한 번씩 기생의 황금시대가 나타나기도 했다. 하지만 훗날에는 국사가 다단多端해진 탓에 기생이 번창할 여지가 없었으며 또 폐기문제 등을 진지하게 논의하는 정신적인 인물도 사라졌다. 환언하자면 조선은 기생에 관심을 가질 만한 여유가 없었던 셈이다.

이성계 즉위 4년 4월, "어가御駕 앞에서 여악을 연주함은 국왕의 위엄에 흠이 되오니 지금부터 이를 금하소서....."[1]라고 대사헌 박경朴經 등이 상소하니 왕은 "장차 이를 고칠 것이다."[2]고 답하였는데(태조실록), 이는 조선시대에 있어 기녀에 관한 문제의 시초였다.

---

1) 1395.4.25(太祖 4年 乙亥). 원문은 駕前女樂(가전녀악) 有虧於儀衛之嚴(유휴어의위지엄)이다. 어가御駕 앞에 여악女樂이 따르는 것은 의장儀仗을 갖춘 엄숙한 호위에 흠이 되는 것입니다.
2) 원문은 予將改之이다.

이야기가 다소 이론으로 흘러가는데 ××신사의 가을축제, 미코시토기요[3]의 행렬에 내선의 화류계에서 매년 요염한 무리들이 우르르 참가하여 화려한 시위를 감행하는 습관의 경우, 5백 년 전에 왕의 어가 앞에서 여악을 연주하는 일에 대해조차 불만이 나온 사실을 감안하면 재고할 가치가 있지 않을까.

제3대왕 태종 때에는 기존의 기녀가 새롭게 맥리脈理·침구鍼灸 술을 습득하여 여의가 되었음은 이미 서술하였는데, 태종 11년에 이르러 각 읍에 기녀가 현저히 증가하여 풍기를 문란케 하는 폐단이 인정되어, 모든 신하가 폐기를 소청疏請하였다. 당시는 매사 관권만능의 파쇼 시대였던 만큼 폐기가 즉결 시행되었는데 모두 민업 핍박이라며 불만을 제기하지 않았는데 신하 하륜河崙이 그 불가不可를 극론하니 왕은 웃으며 존치론을 따랐다고 전해지는 것을 보면 이 문제는 항상 어지간히 민감한 조치를 필요로 했음에 틀림없다. 그리고 모서에는 "호정浩亭[4] 하륜이 예천군수로 있을 때 호색하여 군내의 기생들을 닥치는 대로 독점하였다."고 기록되어 있다. 군내에 기생들이 몇 명이나 있었는지는 알 수 없으나 그들을 닥치는 대로 모조리 독점한 걸물이었던 만큼, 폐기에 반대한 것도 지극히 수긍이 간다.

다음으로 제4대왕 세종 때에도 또한 폐기안이 조정회의의 안건으로 올라 왔다. 즉시 왕은 각 주읍의 기녀의 혁파 가부를 정승 등에 하문한 결과, 각 대신들은 모두 한 목소리로 폐기에 찬성을 표하니 독회 생략으로 원안을 가결 확정한 듯이 보였으나 당일 회의에 불참한 허조許稠가 후에 '하지만 색욕은 인간의 가장 큰 욕망으로 일부러 금해야 할 성질의 것이 아니다. 주읍의 기녀들은 모두 공유(관기)이므로 이를 취하매 전혀 지장이 없으며 이를 엄금한다면 지방에 나가 있는 젊은 관리들이 모두 여염집의 부녀들을 불의로 취함에 이를 것이다. 또한 선비들도 이로써 쉬이 죄악을 범하게 될

---

3) 神輿渡御 : 제례 때 신위를 모신 가마들의 행렬.
4) 일본어 원문에는 '활정活亭'이라 적혀 있다.

것이다. 그러므로 폐기안에는 반대한다.'고 주장하였다. 그런데 이 허조는 평소 여색에 극히 냉담했던 탓에 동료들은 처음부터 폐기에 이의가 없을 것으로 생각하였는데 뜻밖의 반대론으로 결국 논의는 그의 주장대로 결론이 났다. 허조의 소론이 우리나라 일부 정치가의 존창론과 극히 흡사하다는 점은 매우 흥미롭다.

그 후에도 수차례 궁중에서는 여악 폐지를 둘러싸고 논쟁이 벌어졌으며 "성색聲色으로써 옥좌에 접근하는 것은 설만褻慢이다. 성색은 성탕成湯에 가까운 곳에 있으며 여악은 공자의 나라를 망친 까닭이다."고 극론되었으나 끝내 관기는 폐기되지 않았다.

일체의 폐창운동은 자못 근대의 냄새가 풍기며 구세군 혹은 교풍회矯風會가 한 가지 방법으로 취급한 점을 떠올리게 되는데, 실은 한 사회에 매음이 이루어지면 동시에 꼭 폐창문제가 대두되기 마련이다. 신神의 시대부터 오늘날까지 인간사회에는 상당히 많은 부조리한 관습들이 분명 이어져 왔는데 금품을 대가로 여인이 남성에게 ×행위를 허락하는 정도는 기괴한 일이 아니다. 게다가 이는 공창제도로 발전하였고 가불금을 이용한 사실상의 부녀자 매매는 공공연히 이루어졌으며 성을 직업으로 삼는 부녀자를 감옥과 같은 곳에 가두고 손님이 오면 일정한 요금이나 혹은 시간을 정하여 육체를 자유롭게 풀어준다. 그로써 태연하게 이윤을 얻는 자본가, 화류계 방면에 비교적 과중하게 과세하는 정부, 인습적으로 영업주를 옹호하는 관헌 등, 뭐라 해도 이는 시대착오적이라는 생각이 든다. 일본의 명물인 공창이 조만간 붕괴될 운명에 봉착한 것은 오히려 당연하다.

그와 함께 도통 불가해한 것이 신불과 창부의 인과관계로 외국에서도 사례를 볼 수 있는데 조금 유행하는 신사, 불각에는 화장한 여인이 그림자처럼 따라 다닌다. 이런 해어화에 현혹되어 부처님께 참배하는 것인지 부처님의 부름을 받고 꽃을 꺾는 것인지, 천박한 사람들은 그것을 고장의 번영책으로까지 이해하고 있으니 구제 불능이다.

이스라엘의 율법에 따르면 백성은 모두 소득의 10분의 1을 신전에 바쳐야 하며 그 밖에 심신의 더러움을 정화하는 오하라이御祓い5)처럼 기원을 할 때는 소정의 공물을

신전으로 가지고 가는데 "네 여자를 더럽히고 창기의 업을 시켜서는 안 된다. 틀림없이 음사淫事가 나라에서 이루어지고, 죄악이 나라에 가득 찰 것이다."고 말하고 있으며 또 "이스라엘 여자 중에 창기가 있지 못할 것이요 이스라엘 남자 중에 미동이 있지 못할지니. 창기의 번 돈과 개 같은 자의 소득은 아무 서원하는 일로든지 네 하나님 여호와의 전에 가져오지 말라. 이 둘은 다 네 하나님 여호와께 가증한 것이니라."6)라고 경고하며 창기의 수입은 부정한 돈으로써 이를 바치는 것을 금했다. 당시만 해도 여전히 일부다처제가 전혀 문제가 되지 않았으며 신전의 무녀가 육체적으로 신에 봉사하는 지방도 있던 무렵이므로 이 율법은 매음에 대한 가차 없는 모멸로 보인다.

×   ×

조선시대에 들어서 조금씩 압력을 받던 기생에 대해 느슨한 태도를 보인 때는 제7대왕 세조 때이다. 세조는 불교에 깊이 귀의하여 친정을 베풀어 백성들을 살피었고 또 기생을 바르게 쓴 인물이다.

이전 고려의 불교는 국교로서 권세를 휘둘렀으며 거대한 사찰들이 각지에 건립되었고 뛰어난 승려들이 수많이 배출되어 조직적으로 전국에 교권을 널리 펼쳤는데 세력이 커지면서 신돈과 같은 사승邪僧이 국정에 참여하여 횡포를 자행하니 조선은 척불숭유라는 반동 정책을 채택하였다. 이로써 불교의 힘은 완전히 땅에 떨어져 참으로 무참無慚한 형국이었다.

세조는 생모의 영향으로 불교를 신봉했다고 전해지는데 세조 4년 2월에 사정전에서 중삭연을 베풀었다. 공신들이 부름을 받고 어전으로 불려갔을 때, 여인 몇 명에게 명

---

5) 신사神社에서 하는 액막이 행사.
6) 신명기 23:17~18.

하여 기녀와 함께 악을 연주시키고 많은 신하에게 춤을 추게 하였다고 『조선실록』은 기록하고 있다. 또 9년 4월 8일에는 지금의 종로 파고다공원에 건립한 원각사의 낙성식에 임어하셨는데 환행還幸하실 때 식에 참여한 기생들이 왕의 공덕을 칭송하는 노래를 합창했다고 기록하고 있다.

또 세조는 그 무렵, 성성 거리를 소부所夫와 함께 농부가를 부르며 걸었고 사람들에게 동냥하고 있던 늙은 걸인을 데리고 와 생활비를 주고 궁중 연회 때마다 가기歌妓 8명을 배치하여 오로지 속요를 부르게 하였는데 이를 통해 민정을 아는 방편으로 삼았다. 이 농부가라 불리는 농촌 민요는 지금도 몇몇이 전하는데 그 중 하나인 〈보리타작노래〉를 들어 대강의 사정을 살펴보자.

〈보리타작노래〉
둘이서 치매 열 명이 치는 정도이니
9월에 씨 뿌려 그 겨울 지나면
이듬해 2월이네 처음으로 잡초 베고
3월 지나면 4월이네 4월이네
큰 보리와 작은 보리가 이삭 끝을 모으고
남쪽에서 부는 바람 보리 이삭을 희롱하면
어느새 파란 보리 노랗게 물드네
6월 무렵에는 기쁜 추수
보리 타작 끝나면 가마니에 담아
산처럼 쌓아 신명나게 살아보세
5월의 농부도 8월에는 신선이네
거기 쳐라 여기 쳐라 거기 쳐라 여기 쳐라.

연산군과
기생

세조에서 예종, 성종을 거쳐 제10대 연산군의 치세 때는 갑자기 기생이 날개를 펼치는 시대가 도래한다. 사가들은 그 모습을 다음과 같이 기록하고 있다.

연산은 주색에 빠져 기탄없이 제멋대로 상제喪制를 고치고 기강을 문란케 하니 그 죄악은 이미 높은 하늘에까지 퍼졌다. 기생 중 얼굴이 고운 자를 안으로 들이니 그 숫자 수천 백을 헤아리기에 이르렀다. 기녀의 칭호를 고쳐 운평運平, 흥청興淸, 계청継靑이라 불렀고 혹은 지과홍청地科興淸, 천과홍청天科興淸이라 칭했다. 그들의 사는 곳은 각 대가의 집을 수용하였고 원과 각을 설치하여 원은 그 명칭을 취홍聚紅, 뇌영蕾英, 함방含芳, 진향趁香이라 하였으며 각은 취춘翠春,[1] 청환淸歡, 채하彩霞라 하였다.

또한 기녀의 대우, 시설로 호화고護花庫를 두어 음식을 공급하고, 보염서補艶署를 두어 의복과 장신구를 공급하고, 시혜청施惠廳을 두어 영선營繕을 감독하게 하되, 광

---

1) 『중종실록』 1권, 중종1년(1506) 9월 2일(무인). 원문에는 "원은 취홍聚紅・뇌영蕾英・진향趁香・함방含芳・취춘翠春, 각은 회사繪絲・청환淸歡・채하彩霞라 하였다."고 적혀 있다.

혜서廣惠署를 두어 제사에 관한 일을 제공하게 하고, 추혜서追惠署[2]를 두어 초상에 쓰는 물품을 각각 제공하게 하여 최대한 이를 풍요롭게 제공하여 종신토록 기녀를 사모하게 하였다.

그리고 백성의 논밭을 몰수하여 기녀에게 주고 이를 세습하도록 명하였다. 또 경내외京內外 사대부의 첩 처 및 양가良家의 아내와 딸을 징발하기 위해 특별히 대신에게 명하였고 이를 채홍준체찰사採紅駿體察使라 칭하였다. 그리고 나인이 죽으면 여원묘麗媛墓라 일컫고, 관원을 보내어 치제致祭하기를 선왕先王의 능소陵所에서와 같이하였다.

　　　　　　　　　　　　　　　　　　　　　　　　　　　　　　　　　　　－『중종실록』

연산군의 맹렬한 탈선은 우선 지방의 주읍에 기악을 흥하게 했으며 임사홍을 채홍사로 파견하여 아름다운 기녀를 뽑아 위와 같이 우대하니 정원 백 명 정도의 관기가 금세 천 명을 넘을 정도로 성황을 이루었다. 부처와 미녀는 같은 인연이라 생각한 것인지 원각사를 기생의 사무소로 만들고 눈에 띄는 대관의 저택도 징발하여 기생들을 분주시켰으며 그 경비를 백성에게 부담시켰던 것이다. 이런 행태로는 중망衆望을 잃는 것도 당연하니 대대적인 관기 우대를 시작한 2년 후, 연산군 12년에 그는 폐위되고 만다.

연산군은 곁에서 시중드는 기녀를 지과홍청이라고 부르고 특히 총애한 기녀를 천과홍청이라 불렀는데 그가 폐위되고 중종이 보위에 오르자마자 대신들은 "폐왕(연산군) 때, 천과홍청 의춘도倚春桃는 왕의 총애를 악용하여 여러 가지로 폐단을 지어 죄악이 가득 찼으니 중한 벌로 처치하소서. 그 나머지 홍청으로 관홍방冠紅芳, 소신홍笑新紅, 대춘홍帶春紅, 취원춘醉苑春, 옥매춘玉梅春, 광한선廣寒仙, 초산운楚山雲, 적선아謫仙兒, 월계향月桂香, 서강월西江月, 계류앵繫柳鶯, 가학선駕鶴仙 등 12명도 또한 모두 폐단을 지었으니,

---

2) 일본어 원문에는 '진혜서進惠署'라 적혀 있다.

각각 장杖 1백을 쳐서 변방으로 유배시키고 세공을 거두소서."3)

어제까지 비단을 두르고 왕의 폐기嬖妓로 꽃처럼 교염嬌艶을 경쟁하며 장히 만인이 갈망하는 대상이었던 관기 중에서도 특별히 뽑힌 기녀가, 얇은 옷 한 장 밖으로 보이는 통통한 엉덩이를 태형대에 나란히 하고 인정도 난폭한 옥리에게 재미로 두드려 맞거나 눈처럼 흰 피부가 피범벅이 되어 통곡하는 모습을 상상하면 새디즘적인 흥미를 느끼는 사람도 있을 것이다.

---

3) 『중종실록』 1권, 중종 1년(1506) 9월 11일(정해). "廢王時, 天科興淸倚春桃, 媚上取寵, 多般作弊, 罪惡貫盈, 請置重典. 其餘興淸如冠紅芳, 笑新紅, 帶春紅, 醉苑春, 玉梅春, 碧玉, 蕙英, 滿園紅, 待佳賓, 廣寒仙, 楚山雲, 秀群紅, 厭般嬌, 謫仙兒, 月桂香, 蓬萊仙, 銀臺月, 駕鶴仙, 苑芳桃, 桂林春, 漏雲紅, 西江月, 繫柳鶯亦皆作弊, 請杖一百, 極邊定屬, 收貢勿役."

연산군 때, 성주에 장순손이라는 학자가 있었다. 외양이 서유기의 저팔계와 흡사하여 친구들은 그를 '저두猪頭'라 부르며 매우 재미있어 했다.

어느 날, 연산군이 총애한 성주 출신의 기녀가 종묘에서 친제를 올리고 있을 때, 돼지머리가 제물로 올라온 것을 보고 장순손의 얼굴이 떠올라 느닷없이 웃음을 터뜨리고 말았다. 그런데 왕이 수상쩍게 보고 까닭을 캐물으니 그녀는 고향에 장순손이라는 학자가 있는데 제물의 돼지와 무척 닮아서 그랬다고 솔직하게 대답하고 또 소매로 입을 가리고 웃었다. 이를 들은 왕은 "그 장모라는 자는 너의 정인이구나."라며 굉장히 노하여 근신近臣에게 명하여 성주로 사람을 파견하여 정순손을 잡아오라고 했는데 그것만으로는 화가 풀리지 않았는지 몇 시간 후, 다시 그를 그 자리에서 베라는 분부를 내렸다.

그런 일이 있으리라곤 꿈에도 몰랐던 장순손은 집에서 식사를 하던 중, 돌연 서울에서 포리가 난입하여 다짜고짜 체포하였는데 죄상은 포리도 몰랐고 본인도 애당초 짚이는 데가 없었다. 하지만 그러한 일이 흔히 일어나던 세상이어서 그는 그대로 죄인으로 몰리었다.

성주에서 상경하는 도중 어느 갈림길에서, 고양이가 한쪽 길을 건너는 것을 본 장순손은 포리에게 "내가 전에 과거를 보러 갈 때, 길에서 고양이를 보면 꼭 운이 좋았는데 지금 저 길에서 고양이 그림자를 보았으니 부디 나를 위해 다른 길로 가세."하고 청하였다. 둘 다 거리가 비슷했던지 포리는 별 다른 말없이 그가 말하는 대로 따랐다. 그리고 다음 역에 도착하자 서울에서 두 번째 관리가 뒤를 쫓고 있다는 말을 듣고 길인지 흉인지는 모르나 길이 어긋난 사자가 돌아올 때까지 그들은 그곳에서 머물며 기다렸는데 그 사자가 돌아오기 전에 연산군이 폐위되어 장순손은 위기에서 벗어났고 그는 아슬아슬하게 목숨을 구했다.

그 후 그는 중종이 즉위하자 훗날 정승으로 이름을 떨쳤다고 한다.

(오백년기담)

광해군에서
고종까지

연산군에게 사랑을 받고 중종에 갑자기 내팽개쳐진 기생과는 무관하게 세상은 중종에서 인종, 명종, 선조의 시대로 바뀌었는데, 이 선조 소경왕의 시대는 일본의 원호로는 덴쇼天正, 분로쿠文祿, 게이초慶長 무렵으로 도요토미 히데요시가 해외 위업을 전개하여 소위 왜군이 계림팔도를 유린한 조선 수난의 가을이었다. 그리고 전쟁의 먼지가 아직 전혀 거치지 않은 무렵, 제15대 왕인 광해군이 즉위하였다.

광해군은 마침 전후 국력이 피폐한 때임에도 불구하고 즉위하자마자 여악의 진흥을 도모하고 자전(어머니)의 핑계를 대며 기생의 선납과 양성을 명하였다. 당시 사간원은 "여악은 예도 아니고 정도正道도 아닙니다. 전하와 같은 성명聖明으로서 어찌 여악이 예가 아니고 정도가 아님을 모르시겠습니까. 그런데 지금 이것을 반드시 설치하고자 하는 것은 가령 어버이를 기쁘게 하는 목적일지라도 단연코 불가하옵니다. 그리고 이미 예가 아니고 정도도 아닌 것으로써 어버이를 기쁘게 한다면 이는 이치에 맞지 않습니다."[1]고 간하여 말리나 광해군은 "이 일은 내가 놀고 즐기려는 계획을 세우자는 것이 아니다. 첫째는 자전의 진풍정進豊呈을 위한 의식에 준비하기 위한 것에 지나지 않

---

1) 『광해군일기』 26권, 광해 2년(1610) 3월 20일(병신).

으니 굳이 억지하지 마라."고 교묘하게 예봉을 꺾어 버렸다.

그리고 장악원을 독려하여 지방에서 모은 기생들에게 본격적인 가무를 가르쳤는데 그 궁핍 상태는 "…… 정재呈才에 필요한 기구가 무려 12종이나 되는데 본원에는 한 가지 물건도 없어서 전일 장악원에서 직접 입계入啓하였다. 상의원尙衣院에서 만들 제품도 모두 아직 이루어지지 않았다. 기녀妓女의 단장에 관한 것은 호조에서 마련해 주겠다고 했다."2)고 말했으며 또 "…… 기녀 백 명을 좌우로 분립하도록 되어 있는데 현재 숫자는 70명이며 기생이 착용하는 붉은 비단 치마와 녹색 비단 띠 등은 전날의 예정연에 고작 50명분을 준비했을 뿐이므로 현재의 상황으로는 도저히 이를 늘릴 수 없으니 당분간 그로써 급한 대로 쓰는 방법밖에 다른 길이 없다."고 담당 관리가 아뢰고 있다.

이렇게 무리해서까지 의식을 올릴 필요도 없었음에도 끝내 성연을 강행하였는데 이 전후로 경성에 모인 기생이 증가하면서 양반들은 자신의 권세를 배경으로 좋아하는 기생을 불러들여 주색에 심히 빠지니 풍기가 문란해져 끝내는 가무를 교습시킬 시간도 없을 정도였다.

그리하여 광해군 9년 2월 장악원이 "상사아문上司衙門에서 기생을 강청強請하는 것을 금해 주시옵소서."하고 청하니, 광해군은 "사대부의 연악에는 일체 기녀를 보내지 말지어다."3)고 명한 기록도 있으며 광해군 9년 4월에는 병조가 "대개 공무분장이 없는 여인들은 함부로 대궐 안에 출입할 수 없는 법입니다. 그런데 오늘은 기신忌辰4)임에도 불구하고 기생이 왕궁에 가까운 궁방에 들어가 노래를 부르면서 술을 마시었으니, 몹시 경악스럽습니다. 기생은 본조에서 이미 잡아 가두었습니다. 위장衛將도 문책에 처하시옵소서."5)라고 주청하였던 적(『광해군일기』)도 있다.

---

2) 『광해군일기』 32권, 광해 2년(1610) 8월 9일(신사).
3) 『광해군일기』 112권, 9년(1617) 2월 21일(병진).
4) 죽은 이나 또는 죽은 이와 관련 있는 사람을 높이어 그의 제삿날을 이르는 말.

그 때는 왕 쪽이 매우 강경하게 나오니 사간원이 "여악을 폐하소서."라고 주청하자 "국가에 큰 경사가 있으면 잡상雜像을 설치하고 우희優戲를 늘어놓아서 함께 기뻐하는 뜻을 기리는 것은, 조종조로부터 2백 년 동안 유래되는 예이지, 결코 오늘날 새로 창설한 것이 아니다. 여악女樂의 경우만 해도 예조가 청하여 교습을 윤허한 것이다. 이날 응당 거행할 것이라는 것을 삼사三司에서는 어찌 익히 들어서 미리 알고 있지 않았더란 말인가."6)하고 반대로 호되게 꾸짖었다.

기생의 지위가 당시 어느 정도였는지는 다음의 전교에서도 알 수 있다. 왕이 전교하기를 "평상시 나라에 큰 행사가 있으면 왕자와 대신이 데리고 있는 기생일지라도 감히 나오지 않을 수 없기 때문에 모두 들어와 참여하였다. 이달 7일에 궁중에서 예행 연습할 때에 탈이 있다고 핑계대고 나오지 않았던 기생은 그의 집주인을 각별히 추고하고 평상시의 옛 규례대로 재차 예행 연습할 때에는 다시는 이런 일이 없도록 하여라. 장악원의 담당 관리로서 사정에 끌려 숨겨둔 자도 중한 쪽으로 죄를 다스림은 물론이다."7)고 말했으며 그에 따라 장악도감은 "이번 예행연습 때 나오지 않은 기생이 있다고 하기에 신들이 적발하여 입계入啓해서 죄줄 것을 청하려고 하던 참이었는데, 삼가 성상의 하교를 받고 나니 황공스럽기 그지없습니다. 의식을 연습하는 날 이와 같은 폐단이 있을까 염려하여 신 등이 이른 아침부터 급히 대궐로 들어가 검열하여 보니 나오지 않는 자가 10명이나 되어 일일이 소집장을 보내어 참석케 하였습니다. 그런데 그 중 기생 해어화解語花는 두세 번이나 사고 핑계를 대며 끝내 나타나지 않았습니다. 이는 국법의 위엄에 관한 것인 만큼, 강제로 잡아들여 엄중하게 다스리게 하는 것이 어떻겠습니까."고 아뢰니 왕은 "나오도록 독촉하여 대례에 참여하게 하고, 아직은 죄를 부과하지 말라."8)고 대답하였다(『광해군일기』)는 기사에서도 거의 상상할 수 있다.

---

5) 『광해군일기』 114권, 광해9년(1617) 4월 7일(신축).
6) 『광해군일기』 119권, 광해9년(1617) 9월 21일(계미).
7) 『광해군일기』 120권, 광해9년(1617)10월 8일(기해).

다음의 인조 때는 왕궁 전속(?)의 관기를 해산하고 맨 먼저 출신지에 귀환시켰다고 하는데 지나치게 장황하니 생략한다. 그 후 세월이 흘러 근대의 고종 치세에 이르러서는 아버지인 대원군의 기생 조종책과 왕이 애호한 여악에 대해 이능화 씨의 『조선관기의 기원』에 다음의 기술을 볼 수 있다.

박제형朴齋炯의 『조선정감』을 펼쳐보면 "관기는 예에 따라 판여板輿에 타고, 면장옷을 전신에 두르고 얼굴만을 내놓고 있다. 그리고 창기는 이를 타는 게 허락되지 않아 기녀妓와 창娼을 구별할 수 있었다. 그런데 그것이 점차 바뀌어 훗날에는 기도 창도 모두 난교暖轎를 타고 안경을 쓰고, 비단 신을 신게 되었는데 대원군 섭정 시대에 이를 금하고 다시 구례舊例로 돌아갔다. 기녀의 전두纏頭(화대)는 지금까지는 임의였으나, 대원군은 특별히 가격을 120량으로 규정하였다. 기생의 서방이 되기 위해서도 본래 규정이 있었는데 각 전殿의 별감, 포도군관, 정원사령, 금부나장 그리고 각 명가의 겸인(청지기) 등에 한하고 있다. 그런데 대원군이 명령하여 금부와 정원의 하례下隸는 오직 창녀娼女의 서방이 되는 것만을 허락하였을 뿐, 관기와 관계되는 것을 일절 허락한 적 없었다. 또 아름다운 기녀를 골라 돌아가면서 운현궁의 번을 서게 하였는데 당시 그들을 대령기생待令妓生이라 칭하였다. 대원군은 또 여염의 화류계에 일일이 간섭한 탓에 많은 인사들이 그를 꺼려 기생을 맞지 못했으며 기생도 또한 매우 부자유스러웠다. 만일 부유한 선비가 산야 놀이에 기생을 부

---

8) 『광해군일기』 120권, 9년(1617) 10월 15일(병오).

르고 또 몰래 창녀를 끼고 오락을 즐긴 사실이 알려지면, 대원군은 '선비로서 품행이 나쁘다.'고 말하고 어김없이 끌려 간 탓에 당시의 지식인들은 모두 그 방법을 비난하고 냉소했다."고 적고 있다.

따라서 짐작하건대 고종 말년에는 특히 국가의 예전禮典이 빈번했으며 진연進宴을 거행할 때마다 기녀를 선납시켰는데 지정된 숫자가 많은 곳은 평양이 최고이며 그 다음은 진주, 대구, 해주 등이었다. 한 번 진연을 경과하면 받은 상품이 어마어마하게 많아서 기생들은 그 기간에 앞서 입선을 경쟁하였다. 또 한 번 이상 진연에 참가한 자는 벼슬을 받는 혜택이 있었고 금옥권자金玉圈子 및 비녀 등이 머리에서 광채를 빛냈다. 당시에는 잡가가 널리 유행했는데 잡가는 즉 속된 가요, 음사淫詞 등이었다. 남창기녀

중에는 이를 하려는 자가 없어 가무별감이라 불리는 호칭도 있었는데 그 중 평양의
날탕패(속요의 가무대)는 가장 칭찬을 들었다. 현재 기생은 가사, 시조 등을 하지 않고,
대부분 잡가를 부르는 것이 유행이라고 말하지 않을 수 없다.

이처럼 속요의 대표곡이라 여겨지는 아리랑 등도 그 무렵의 산물이라고 말할 수 있
다.

5

왕년의 기생

往時の妓生

기생의 교양
기명의 여러가지

기생의 교양

　기생의 옛날과 지금을 설명할 때, 예와 기개를 간판으로 내건 에도시대의 게이샤와 상대를 가리지 않고 돈만 주면 몸을 파는 기녀를 예로 들든가, 혹은 교양 면에서 오히려 최고의 유녀와 가장 격이 낮은 고코지小格子의 차를 예로 들기도 한다. 하지만 기생 중에는 지금도 시문서화에 뛰어난 자도 있다. 그러나 그 교양을 설사 자랑해도 별로 수준이 많이 차이나는 것은 아니므로 과거를 설명하는 데는 적당하나 현재를 설명하는 데는 다소 잔인하다.

　특히 관기의 경우, 관명으로 전국에서 소질 있는 기녀를 선납시켜 관비로 양성했으니 높은 이자의 빛을 변통하고 시종일관 이윤만을 추구하는 포주나 가난에 시달리는 생계 끝에 기녀가 된 여자들과는 본디부터 달랐던 셈이다. 관기는 우선 예조(예의禮儀와 학사學事를 담당하는 관청)가 지방청에 첩牒을 발송하여 널리 후보자를 구하였다. 그러면 지방은 나이가 어리고 재색이 뛰어난 자를 선발하여 서울로 올려 보냈다.

　그러한 젊은 기녀들을 수악원에서 양성하여 매달 담당 관리가 시험 성적순으로 채용했으며 몇 개월 후에는 본격적인 관기가 되었다.

　관기의 정원은 한 조당 10명씩으로 별감이라 불리는 남자의 단속 하에 행수, 부행수, 삼행수, 조사기曹司妓 등의 임원이 있었다. 또 기생을 일패, 이패, 삼패로 나누었으며 게다가 각 패에서도 기녀의 수완에 따라 등급을 매겼다. 패牌는 무리라든가 조직을 뜻하는 말인데, 일패와 이패는 본격적인 기생이며 삼패는 준기생이라 부를 만한 것으로 왕궁에서 시중드는 관기는 모두 일패에 속했으며 열녀기烈女妓라 불리며 독신자로 제한되었다. 이패는 용모도 기예도 일패에 뒤지나 성적에 따라 일패에서 이패로 떨어지거나 혹은 이패에서 일패로 오를 수도 있었다. 이패가 되면 일반적인 객석에도 초대되었는데 마을 게이샤라 부를 수 있는 유형이다. 삼패는 기생과 창기를 겸했던 이매감찰二枚鑑札과 비슷하다고 생각할 수 있다.

지방 기생도 넓은 의미에서는 관기였으나 지금의 도청에 상당하는 관청(관찰도)에 속한 기생을 영문기생營門妓生이라 불렀고 군청부郡廳附의 기생을 본군기생本郡妓生이라 불렀다. 이들은 지방관의 횡포를 감수하고 시키는 대로 따르면서 생존을 이어갔는데 뼛속까지 격식에 구애되는 양반을 상대해서인지 일거수일투족에도 짐짓 거드름 피우는 동작이 저절로 몸에 배어 있었다. 그리고 풍류운사風流韻事를 이해한 것은 마치 공장지대의 아이들이 노동가를 부르고 학생거리의 여급들이 스포츠에 대해 토론하는 것과 같은 이치였던 듯하다. 고려시대 기생의 소양과 관련하여 다음과 같은 기록이 남아있다.

동인홍動人紅은 팽원의 기녀로 제법 글을 알고 있었다. 어느 날, 병마사가 태수와 더불어 바둑을 두는데, 숙취가 덜 깨어 잘 되지 않아 "도호都護는 박주博州의 천千잔 술에 취하여 동서도 분간 못하네都護博得千盃酒 醉未分東西."라고 한 마디 읊자, 동인홍이 옆에서 바로 "태수는 분영分營과 바둑 한 판을 두는데 아득하여 생사도 모르네太守分營一局棋 朦不知生死"라고 부화하였다. 또 일찍이 한 서생에게 한문을 가르쳐 달라고 간청하니 서생은 시를 짓지 않으면 가르쳐 주지 않겠다고 하니 그 자리에서 동인홍은 "술 사느라 비단치마 벗고 님 부르며 옥 같은 손 흔들었네買酒羅裳解, 招君玉手搖."라는 시를 지었다. 그리고 조거자趙擧子에게 준 시에는 "다행히 진유회를 만나니, 작약을 주는 것이 어떠한가."라 하였고, 자서自敍하기를, "창녀와 양갓집 규수의 마음은 차이가 그 얼마인가. 가련하도다! 백주栢舟의 절개여. 죽어도 다른 곳으로 아니 간다 스스로 맹세했네." 하였으니 자서의 뜻이 정렬貞烈한 것 같다.

－『보한집』

　　학사學士 송국첨宋國瞻이 감찰원監察院에 있다가 나아가 서북쪽의 융막戎幕을 보좌할 때, 용성의 관기官妓 우돌이라는 기생이 늘 사객使客의 총애를 받아 술자리에서 (노래와 시를) 자주 화답하며 즐겼는데, 유독 송국첨만은 함께 놀며 귀여워하지 않았다. 이에 우돌이 시를 지어 바치기를, "광평廣平의 창자는 철 같아 일찍이 견고함을 알고 있으니 나도 본래 잠자리를 같이 할 마음은 없다네. 다만 원하는 것은 하룻밤이라도 시와 술이 있는 자리를 마련해, 풍월 읊는 것을 도와 아름다운 인연 맺는 것일세."라 하였다.

－『보한집』

　　시문에 능하다고 하면 참으로 학문적인데 일본의 예를 들자면 "옛적에 시즈오리 실을 감아둔 베실 꾸리를 잣듯이 다시금 반복하여しづやしづ しづのをだまき くり返し……"라든가 "그 사람은 지금쯤 고마카타 주변을 걷고 있을까君はいま 駒形あたり ほととぎす" 등과 같은 느낌이므로 특별히 감탄할 일은 아니며 그저 칭찬 정도면 충분하다. 하지만 예로부터 전해지는 시조에 왕후귀인들과 함께 기생의 문장이 이름을 올리고 있다는 것은 확실히 그녀들의 자랑거리일 듯하다.

　　기생의 학문에 대해 다음과 같은 우스운 이야기가 전해진다.

　　〈기생 꼬리를 내린 이야기〉

　　한 서생이 한 읍에서 기방에서 놀았다. 이 기녀는 학문을 조금 안다는 이유로 무슨 일이 있을 때마다 자랑하는 악취미가 있는 평판으로 유명했는데 첫 대면한 손님이 아직 어리고 어쩐지 서생 같아 보이면 악취미가 곧바로 발동을 했던 것이다.

"저, 실례하오나 귀공은 글을 읽을 줄 아시는지요?"

"글? 글쎄 본래 귀찮은 것은 싫어해서 말이오……."

"그래서는 아니 되옵니다. 서문을 모르면 사람의 값어치가 없지요."

"……"

"귀공도 보아하니 전혀 양민도 천민도 아닌 것 같고 어느 정도 알고는 계실 것 같사옵니다. 하나 문제를 내어 볼까요? 우선 송백은 왜 장수할까요? 그리고 학이 아름답게 우는 까닭은? 또 길가의 나무를 뿌리를 낮게 심는 이유는 무엇일까요? 맞혀 보시오."

"그런 귀찮은 문제 따위 나는 도저히 모르겠구먼."

"아이고! 그것도 모른다니 부끄러운 줄 아시오. 공부를 더 열심히 해야겠소. 소첩이 가르쳐 드리면 자못 뽐내는 듯한데, 즉 송백이 장수하는 이유는 줄기 속이 견고하기 때문이며, 학이 아름답게 우는 까닭은 다리가 길어서이고 또 길가의 나무는 사람 눈에 잘 띄도록 뿌리를 낮게 심는 게 아니오…… 알아 두시오."

기녀는 작은 코를 벌름거리며 득의양양한 태도를 보였다. 그러자 그 손님이 마치 감탄했다는 듯이 작게 고개를 끄덕거렸는데 이윽고 기녀를 보고 물었다.

"아 그렇군. 그리 들으니 맞는 말인 듯하네. 하지만 대나무가 길고 푸른 것도 줄기 속이 견고해서인가? 논에서 흔히 우는 개구리와 다리가 긴 것과의 관계는 뭔가, 또 자네처럼 잘난 체 하는 여인도 마찬가지로 사람 눈에 띄기 쉬워서인가?"

이렇게 뒤통수를 맞고 기녀의 자만심은 단숨에 납작해져 버렸다.

×　　　　　　×

옛날 기생이 되는 여인은 기녀가 세습적으로 딸에게 업을 물려주는 예 이외에 어릴 적 고아가 된 자, 부모가 가난 때문에 기방에 판 자, 과부의 사생아, 드물게 허영심에

사로잡힌 여인 등으로 마치 조선의 승려와 경로가 같았다. 그리고 현역을 떠난 기녀를 퇴기라 불렀고 소위 포주집 비슷한 것으로 색줏집을 경영하였다.

그리고 왕년의 기생은 관청에 속해 일하는 것 외에 대개 집에서 손님을 맞아 요리를 내놓고 술을 데워 유유자적하게 시간을 보내는 것이 본격적인 업이었는데, 요즘처럼 시간 당 몇 원 몇 전의 화대를 기준으로 한 돈 계산에 얽매여, 손님도 기녀도 시계도 눈치를 보는 인색한 놀이하고는 사뭇 차원이 달랐다.

가야금을 뜯기 시작하자, 벽에 기댄 채 잠자코 눈을 감고 팔짱을 낀 이하응은 문득 생각난 듯 눈을 뜨고 다 식은 잔의 술을 단숨에 들이켜고 계월의 잔에 찰랑찰랑하게 술을 붓고 반은 자신이 마시고 반을 계월에게 주어 합환주(혼배주)를 흉내 내면서

"재주가 없는 나도 네가 그린 난 정도는 그릴 수 있다."

"시험 삼아 한 번 그려 보시오."

계월은 귀엽고 흰 이를 드러내며 잔을 돌려주고 방금 자신이 그린 수 잎의 난을 구석으로 밀고 하응에게 백당지를 주고 먹을 갈기 시작했습니다. …(중략)…

계월은 끓다가 다 졸아버린 신선로를 내려놓고 지저분한 식탁을 깨끗이 치우고 있었는데 갑자기 하응이 붓을 던지고 껄껄 웃으며

"안 되겠다. 안 되겠어. 나는 역시 술이 최고구나."

주전자를 잡은 계월의 눈에 막힘없이 활달하고 시원한 필력으로 몇몇의 굵고 가는 선이 가로지르는 백당지가 들어 왔습니다. 계월은 진지한 얼굴로 그 종이를 보면서

"그렇지 않사옵니다. 처음 하시는 것치곤 꽤 잘 그리셨는걸요……. 가르침을 받으시면 머지않아 쉽게 그릴 수 있을 겁니다."

"쉽게 그릴 수 있는 난이라면 고작해야 너 정도 실력이 아니겠느냐."

"놀리지 마시어요."

눈을 흘기고 교태를 부리며 다가오는 것을 보고 오늘은 기분이 좋지 않은지

"나는 술을 마실 터이니 너는 한 곡조 뽑아보아라."

"서방님께서 부르시어요. 오늘은 영 심기가 불편하신 얼굴을 하고 계시어서…….
장구라도 칠까요…… 채풍彩風님이 오시면 좋을 터인데 김 판서를 불렀는데 안 계
시더군요. 김 판서 집안에서는 내일 생일 축하연이 있다고 하더이다."

"판서도 오랫동안 만나지 못했군. 내일 생일 축하연을 연다고?"

"예, 채풍님이 그렇게 말씀하셨어요." 계월은 천천히 장구를 치기 시작했습니다.
마치 일본의 큰 북太鼓과 작은 북小鼓을 겸한 원시인의 우렁찬 외침을 그대로 닮
은 굵고 단순하지만 침통한 음파가 어스레지기 시작한 조용한 가을에 울려 퍼졌다.

…(중략)…

평소의 경박함은 어디 갔는지 오늘은 깊은 생각에 잠긴 듯한 하웅의 기분을 살피
듯이 계월은 어쩔 수 없이 홀로 장구의 장단을 맞추면서 큰 목소리로 노래를 불렀
습니다.

　　　장부로 생겨나서
　　　입신양명 못할지면
　　　차라리 다 떨치고 일 없이 늙으리라.
　　　이 밖에 녹록한 영위에 거리낄 줄 이시랴.

하웅은 그대로 눈을 지그시 감고 있었습니다. 계기는 다시 노래를 불렀습니다.

　　　청춘의 젊은이들이여
　　　백발의 노인을 비웃지 마라
　　　거짓 없는 하늘의 법도이니
　　　너도 언제까지 젊지 않으리

이 몸의 봄도 어제와 같구나······.

하웅은 가볍게 한숨을 내쉬었습니다. 계기는 계속해서 노래를 불렀습니다.

술에 취해 둥글게 앉으면
천만의 슬픔이 몰려와서 사라지네.
잔을 들어 ??
슬픔을 보낸다······.

"그래, 술을 따라라."
잠에서 깬 듯이 갑자기 잔을 내민 하웅의 눈은 활활 타오르고 있었습니다. 단숨에 술을 들이키고는
"이번에는 내가 한곡 뽑아보지. 잘 듣게나."
장구소리가 울려 퍼지고 몸집이 작은 남자의 소리에 걸맞지 않게 타고난 굵은 목소리로 하웅은 시조를 읊었습니다.

태산이 높다하되
하늘아래 뫼이로다
오르고 또 오르면
못 오를리 없건마는
사람이 제 아니 오르고
뫼를 높다 하더라
            −호소이 하지메細井肇, 『몰락한 하웅』 대조 게재

훗날의 고종은 아직 이름도 없던 어린 아이였던 무렵, 실의의 구렁텅이에 빠져 있던 대원군이 괴로운 심정을 압기押妓와 술로 풀고 몰래 기회를 엿보고 있는 장면을 호소이 씨가 아름다운 글로 묘사하고 있다.

×   ×

조선시대의 기생들이 두려운 마음으로 무대에서 춤추는 사이에 어느새 배경은 180도 바뀌어 그녀들은 해방이라고도 해고라고도 말할 수 없는 상태로 자유의 몸이 되었다. 하지만 본래 비생산적인 무리였던 탓에 사족의 상법도 없어 결국 궁궐에서 하사한 정사품, 종삼품 등의 벼슬을 붙여 여전히 화류계의 여인으로 당시 한동안 유행하던 조선요리점 등에 불리어 내선인內鮮人의 술자리에서 놀기 시작했다. 그러므로 그 무렵의 기생은 모두 순수한 조선식의 관록을 유지하고 있었으며 품격이나 교양 면에서 이전 기생의 얼굴에 먹칠하지 않았던 셈이다.

하지만 더 깊숙이 들어가면 역시 관습의 차이로 인해 어느 책에도 "손으로 코를 푸는 기생의 눈썹과 꽃샘추위 생선뼈" 등의 기술이 있었듯이 세련된 것은 아니었다.

최근에도 중국의 기녀들에게는 예사로운 일이라고는 하는데 기생도 과거에는 손으로 코를 푸는 일은 말할 것도 없이 객석의 구석에서 비단 상의 아래 변기를 감추고 주위도 아랑곳없이 소변을 보았다고 전해지니 경악할 일이다. 그러나 지금도 조선인들은 남녀 할 것 없이 실내에서 변기를 이용하는 것을 전혀 꺼리지 않는다. 이른 아침 조선인 거리를 걷다 보면, 집집마다 황금색 요강을 씻고 있는 모습을 목격할 수 있다.

이야기가 삼천포로 빠져 버렸는데 일본에서도 중고시대에는 고관대작의 집에서 '시노바코' '오호쓰보'라는 변뇨기를 실내에서 사용했다는 사실은 효에노스케 다이라노사다노부兵衛佐平定文와 시중인 기미의 대화에서도 알 수 있는데 주인과 부인이 외출할 때에는 노비에게 그것을 들리게 하였다고 하니, 조선에서 건너온 습관임에 틀림없다. 옛

날 조선에서는 양반이 여행할 때 여인숙이 완비되지 않았던 탓에 침구에서 세간, 식기, 변기까지의 일체를 휴대했던 것이다.

기명의
여러가지

"조선도 열린 나라구나, 요즘에는 여인도 대개 이름을 가지고 있으니....."라고 말한다면 성급한 사람은 "허튼소리 마라, 이름이 없는 인간이 어디 있느냐"고 조롱할 지도 모른다. 하지만 옛 조선의 여인들은 정말 이름 없는 촌뜨기로 통용되었다. 처녀 적에는 단순히 어느 집의 딸, 언니, 동생으로 때로는 아형阿兄이라 불렸고 결혼 후에도 남편의 성을 따르지 않고 이 모의 부인 김씨, 장씨로 질릴 때까지 유지하는 습관이 있었다. 필요한 경우에는 김 언니나 이가 성의 여자, 박가 성의 여자 등이라 불렀다. 우습게도 신문 등지에서 이를 마구잡이로 이용하여 김 언니 아가씨의 박가 부인의 여인이라고 쓰는 둥 마치 '하나코' '유키코' 처럼 쓰기도 한다.

애기가 옆길로 샜는데 내지에서도 옛 시대에는 정식 무사 계급인 시분士分이나 특별한 집안이 아닌 한 신텐의 다로기치, 구누기바야시의 헤이스케, 도시에 거주하는 상공업자인 조닌町人의 경우에는 이세야의 곤베이나 집주인 마고자에몬의 셋집 사람 목수인 구마키치, 미장공 하치고로라는 이름으로 관청의 인별장에도 당당하게 올라 있었다. 또 성서를 보면 유대인들도 나사렛 마을의 예수, 세배대의 아들 야곱, 베드로라 불리는 시몬이라는 식으로 마을이름, 부모, 애칭, 소속 단체 등을 빌려 다른 이들과 구별하였다. 여인의 경우, 요셉의 아내 마리아가 남편과 사별한 후에 예수의 어머니 마리

아라고 불리는 식으로, 조선의 여인과는 반대로 성씨가 없는 습관이 있었다.

어쨌든 이름이 없는 조선 여인들 중 기생은 예로부터 기명을 가지고 있었다. 하지만 요즘처럼 이향심, 김영월, 장면선 등 성이 붙는 게 아니라 설중매, 계월향, 연쌍비 같은 식이었다. 일본 유녀들의 기명도 일일이 조사하면 그 기원이 있음에 틀림없으나 다카오다유高尾太夫나 다가소데花魁誰袖, 만류萬龍, 폰타의 아가씨도 대체로 인습적으로 특별히 귀찮은 해설이 필요 없고 카페의 여급이 여배우의 이름을 흉내 내는 것과 동공이곡同工異曲하다고 보면 좋을 성 싶다. 하지만 기생의 기명은 더욱 당당한 출처가 있으니 감탄에 마지않는다. 참고로 『광한루기』의 한 구절을 소개하여 설명을 대신하겠다.

…… 그 후 새로운 관리가 부임했으나 1년 정도 지나 나주목사로 전임하니 새로 임명된 자가 경성 자하동에 거주하는 변학도라는 양반이다. 용모도 잘나고 풍류도에도 정통한 남자, 돈도 잘 쓰고 술도 말술도 마다하지 않는 호걸이나 매사에 아집이 지나친 악취미가 옥에 티였다. 술과 여인이라면 화약을 지고 불에 뛰어드는 일도 개의치 않는 성격이어서 썩은 달걀 같은 생활을 이어오고 있었는데 조상의 비호 아래 남원부사 자리에 앉은 것이다. 남원에서 관례대로 하급관료들이 마중을 나왔다.

"이보게, 다들 무사히 왔구먼. 고생 많았네. 남원 쪽은 특별히 별일 없는가?"

"네, 백성들이 모두 사또의 부임을 목을 빼고 기다리고 있사옵니다."

"내가 들은 바로는 남원은 미인의 고향이라고 하던데, 정말인가?"

"네, 고운 기생들이 많습니다."

"그런가. 춘향이라는 천하의 미인이 있다는데?"

"네, 춘향은 만고절색이옵죠."

부사는 춘향이 절색이라는 말을 듣자 갑자기 양 어깨를 추켜올리고 말했다.

"춘향은 건강한가?"

"네, 건강하옵니다."

"남원은 여기서 몇 리나 떨어져 있나?"

"네, 61리이옵니다."

"그럼 말을 달리면 반나절이 걸리겠구먼."…… 변 부사의 호색은 판단력까지 날려 버렸던 것이다.

×　　　　　　　×

화려한 행렬을 정리하고 새로운 부사의 일행이 읍내로 들어서자 마중 나온 남녀노소가 길을 따라 쭉 늘어서 각 읍의 깃발을 세우고 음악을 연주하고 환영의 뜻을 표한다. 선녀 같은 기생들이 전립을 쓰고 안장을 얹은 말을 타고 좌우로 열을 짓고 있다. 부사는 그들을 남녀藍輿에 앉아 침착하게 보고 있는데 얼굴을 가린 부챗살이 코끝에 부딪혀 피가 나는 것도 모른 채 정신없이 고개를 돌리고 있다.

"수노首奴를 불러라……."

"네? 무슨 일이신지요?"

"이보게, 저 양쪽에 보이는 여인들은 모두 기생인가?"

"네, 모두 기생이옵니다."고 대답하나 수노도 부사의 노골적인 호색에는 질겁한다. 하지만 부사는 부하의 속도 가늠하지 못할 정도로 제 정신이 아니었다. 지금이야말로 내 품에서 기생들을 자유롭게 해 주겠다고 불끈 주먹을 쥐고 회심의 미소를 지었다. …… 그 후 3일 정도 이어서 사무를 보니 참지 못하고 호방(호적 담당 관리)을 재촉하여 즉시 기생을 점호시킨다. 호방은 분부 받잡아 즉일 기생을 관청에 출두시켜 안책을 지참하여 부사 앞에서 한 명 한 명 호명하였다. "…… 남포월 깊은 밤에 노 젖는 저 사공아 묻노라 너 탄 배는 계수나무 노, 비단 돛의 난주요." 하니 "예."하고 대답하며 행수 기생 난주가 들어온다. 치맛자락을 거듬거듬 걷어 한쪽으로 잡고 조용히 앉아 인사하는 모습이 가을 하늘에 비추는 밝은 달과 닮았다.

"일대문장 소동파 적벽강에 배를 띄우고 술잔을 들어 객에게 권할 적에 잠시 동쪽 산에 달이 나오는 월출이요." "예." 월출이 들어오고 홍상자락을 걷어안고 교태를 부리며 앉는다. 그 조숙하고 청초한 모습은 만풍晚風에 흔들리는 수양버들과 비유해도 좋을 정도이다. 하지만 부사는 다른 목표가 있어서인지 그 긴긴 호명이 귀찮고 견디기 어려웠다.

"기생 점호를 그렇게 느리게 하면 몇 날 갈 줄 모르겠구나. 답답하여 듣겠느냐. 바삐 바삐 불러라."

"네, 그럼 넉자 화두로 서둘러 부르겠사옵니다. …… 위성 조우 읍 경진渭城朝雨輕塵 객사청청客舍靑靑 유색柳色이요." "예, 등대하였소."

"남남지상 봄바람 힐지항지 비연이 왔느냐." "예, 등대하였소."

"천리강릉도원 조사백제 채운이 왔느냐." "예, 등대하였소."

"태화봉두의 옥정련, 꽃 중의 군자인 옥련이 왔느냐." "예, 등대하였소."

"월명임하미인래 은근하다 매선이 왔느냐." "예, 등대하였소."

"차문주가하처재요, 목동이 요지 행화가 왔느냐." "예, 등대하였소."

"옥로금풍만산홍 일엽청광옥엽이 왔느냐." "예, 등대하였소."

"주홍당사 나결하여, 매어 보는 금낭이 왔느냐." "예, 등대하였소."

"진주, 명주 사랑하지 마라, 최고의 보패 산호주 왔느냐." "예, 등대하였소."

"광한루 위 명월야, 군선옥 같은 옥선이 왔느냐." "예, 등대하였소."

"단성오동의 음리에서 쌍거쌍래하는 비봉이 왔느냐." "예, 등대하였소."

"월중천에 붉은 계화꽃 향 풍기고, 십리향을 듣는 계화 왔느냐." "예, 등대하였소."

"임을 그리며 보지 못한 지 반달, 홀로 깊고 고요한 숲에 앉아 있는 금선이 왔느냐." "예, 등대하였소." (하략)…

내지 예기는 기명 외에 소나무집의 누구라든가 대나무집의 누구라는 식으로 이름을 칭하는데 기생에게는 이렇게 고장에서 세력을 떨치는 유서 깊은(?) 가호가 없다. 그래서 깜빡 했다간 이금선, 김금선, 장금선처럼 성이 다르고 이름이 같은 기생이 있어 익숙지 않은 손님들을 당황시킨다.

6

기생과 놀다

妓生と遊ぶ

조선 사찰과
기생

통상 기생과는 세 곳에서 놀 수 있다. 그 중 하나가 조선의 사찰이다. 불사와 주색은 꽤 인연이 먼 구색이나 사실이므로 잘잘못을 가릴 필요가 없다. "산 있고 절 있고 꽃 있고 한국 기생 나오니 우토"라는 시구가 있다.

과연 조선인의 행락은 글자 그대로 산놀이가 주요한데 봄에서 가을에 걸쳐 약수가 샘솟는 강변이나 계곡물을 찾아 산간의 나무 그늘에서 수제비 등을 만들어 먹으면서 유유자적하게 하루를 보낸다. 꼭 꽃이나 단풍이 필요한 게 아니므로 무더운 여름의 '탁족濯足 날' 등에는 연중행사로 특히 사람들이 운집한다. 하지만 그것은 자연 그대로의 정취가 넘치는 가족적인 것으로 더욱 음탕한 기분이 농후한 것이 사찰 놀이다.

조선의 부인은 아이를 점지받기 위해 부처님께 불공을 드린다. 조선시대의 여관女官은 절에 가는 것이 유일한 오락(?)이었다고 하는데 도쿠가와 시대의 오오쿠大奥의 여성들은 부처님께 기도를 드린다는 핑계로 배우에 몰두했던 바, 이는 엔메이원延命院[1]과 마찬가지로, 직접적으로 스님에게서 이익을 얻었으니 게 중에는 노자키무라野崎村[2]의

---

1) 엔메이원에 꽃미남 스님이 있었는데, 大奥의 59명의 여성이 그 스님과 몰래 정을 통했다고 함.
2) 가부키 『신판 우타자이몬』의 '제3막 노자키단'의 통칭. 오소메는 여주인공 중 한 명임.

오소메처럼 "관음을 핑계로 만나러 북쪽으로 남쪽으로·····"라고 정사 장면을 부처님 앞에서 연기했을 것이다. 어쨌든 예부터 사찰을 유락遊樂의 장으로 보고 양반과 부자들이 기생을 동반하여 찾은 모습은 『목민심서』의 다음의 한 구절에도 남아 있다.

> 정한봉이 말하기를 관리 몇 명이 휴일에 가기歌妓를 데리고 승사僧舍에서 논다고 한다. 술에 취해 선인의 시 "대숲을 지나다가 스님 만나 얘기 나누니 뜬구름 인생 한나절이 또 지나가네因過竹院逢僧話 又得浮生半日閑."[3]를 읊으니 승려 웃으면서 "존관은 한나절이 지나가는지 모르겠으나 노승은 공장供帳하는 데 하루, 연집讌集에 하루, 청소에 하루 다 합쳐 사흘이 지나가네."라 한다.
> 현령이 한 번 절에서 놀면 승려의 손실은 거의 사찰의 반년분 비용에 필적한다고 한다. 대개 현령 등 일행의 주식酒食 연회비용은 승려가 부담한다. 또 만약 기생을 대동하고 풍악을 울리고 광대가 놀이라도 했다간 부근의 아이들이 구경하러 몰려와 각자 승려에게 먹을 것을 청한다. 승려들은 대부분 그런 주구誅求를 감당하기 어렵다. 때때로 현령이 스스로 돈과 쌀을 준비하여 앞에서 비용을 지불하기도 하나 현령이 일단 문을 나가자마자 관리라는 놈이 갑자기 그 돈과 쌀을 강탈해 가는 것이 통례이다. 운운

이처럼 관리의 얼토당토않은 요구를 받아들여 식사를 준비하여 제공하는 일 외에 다른 참배객도 부처님 앞에 공양하자마자 자신들의 점심을 승려에게 준비시키는 것이 어느새 관례처럼 되어 후에는 이것이 훌륭한 영업 수단으로 자리 잡았다. 게다가 원래 양반과 부자들이 놀았던 곳인 만큼, 사찰 놀이에는 일종의 허세가 따르는 듯하다.

경성 부근에서는 왕십리나 청량리 방면에 몇몇 사원과 암자가 있으며 또 한강의 남

---

3) 이섭의 등산.

쪽 강변에서 산으로 들어간 곳에도 온천 숙박시설과 연락을 취하며 손님을 맞는 절이 있다. 하지만 가장 유명한 곳은 뭐니 뭐니 해도 청량리로 이어진 간선 도로에서 좌측으로 들어간 ××사일 것이다. 절을 중심으로 '음식점 영업'이라는 간판을 내건 가게들이 처마를 맞대고 있으며 해마다 몰라볼 정도로 발전하고 있다. 이는 모두 승려들의 처첩의 부업 혹은 본업이라고 하는데 경내에 개나리가 노랗게 필 무렵부터 기생을 대동한 난봉꾼이 능글능글 거리며 첫 봄 코트 등을 걸치고 배회하고 있다. 역시 장구 소리는 들리지 않으나 솔바람의 음률에 맞춰 수심가를 부르며 모던한 곳에서는 마장패의 소리도 문 밖으로 들리는 풍경을 볼 수 있다. 문을 사이에 둔 내방에 어떤 공덕이 있는지는 의문이나, 가무보살의 이익은 보시의 많고 적음에 따라 일체 평등하게 받는 것이 원칙이라고 한다.

꼭 한 번 참배하고 싶은 불심이 깊은 사람들을 위해 음식에 대해 한 마디 해 두자면 사찰요리에는 밥이 포함되어 있으며 보통은 일인분에 45전 정도이며 허훈주입산문許葷酒入山門으로 술은 따로 구입하여 덥혀 달라고 부탁하는 편이 좋다. 요리는 사찰요리임에도 달걀, 쇠고기 등이 뻔뻔하게 상에 올라온다. 하지만 밥을 먹은 후의 물을 세면기에 담아 내놓는 것에는 조금 질색할 수 있다. 어쨌든 무더위에는 많은 인파들이 몰려 자칫했다간 모두 만원사례로 거절을 당하여 모처럼의 행락이 허사가 된다. 이어서 밤의 사찰을 살펴보자.

우리들의 최종 목적이 부근 요정의 에로 탐험에 있다고는 하나, 아직 시간이 일러 이곳에 정좌하여 재즈 같은 독경을 듣는 것은 견디기 어렵다. 진퇴유곡인 우리들은 어쨌든 밖으로 나가기 위해 신을 신었다. 밖은 하늘을 점점이 수놓은 별들이 반짝이고 있었는데 봄치고는 다소 차가운 바람이 소나무 숲을 흔들고 있었다. 움칫 한기가 드니 갑자기 술이 고파졌다. 더 이상 시간은 문제가 되지 않았다. 우리들은 쏜살같이 저렴한 요정으로 뛰어 들어갔다.

×　　　　×

온돌이 깔려 있는 한 방에서 술과 명물 사찰요리를 주문하고 음식을 기다리고 있자, 반대쪽 방에서 교태 섞인 여인의 목소리가 들린다. 호기심이 이끄는 대로 몰래 신을 신고 훔쳐보니, 남녀노소가 섞인 단체손님들이다. 실없이 돌아와 심부름하는 아이에게 물으니 결혼식 피로연이라고 한다. "얼마를 내고 저렇게 많은 사람을 부른 것인가"라고 재차 묻자 금50원이라고 한다. 역시 불교식으로 결혼식을 올리고 잔치까지 벌이면 저렴하게 진수성찬을 대접할 수 있다. 우리가 주문한 요리가 일인분에 70전으로 24개의 접시가 나온다고 하니, 50원만 지불하면 훌륭한 연회인 셈이다. 고춧가루 범벅에다 부추 냄새가 풍기는 요리를 안주로 먹는 사이, 시간이 꽤 흘렀는지를 보고 주인에게 에로 상담을 시작하였다.

"여자를 두 명 불러 주지 않겠나?" 우리들은 놀러 온 사람들을 노리고 그물을 치고 있는 어둠의 여자들이 있지 않을까 하고 생각하여 급하게 들어온 주인에게 물었다. "아~ 여자들 말씀이신가요?"라며 의아스러운 듯 고개를 갸웃하며 반문하는 주인에게 고압적인 태도로 "우리들은 오늘밤 여기서 묵을 생각이니 시중 들 여자를 둘 불러라."고 말하였다.

"아, 그러시군요. 묵으실 거여서…… 젊은 여자들이 필요하다고 말씀하신 거군요." 우리들의 저의를 마침내 이해한 주인이 히쭉 웃었다. "정말 유감스럽네요. 불러 드릴만한 여자들이 없습니다. 혹시 단골이 있으시다면 전화를 걸어 보겠습니다." 말꼬리를 이상하게 흐리며 송구스럽다는 듯이 요정 주인이 우물거렸다. 절 부근에는 홀로 놀러 오는 사람들을 위해 여인들이 상시 대기하고 있다는 말을 한 치의 의심도 없이 믿고 온 우리들에게 주인의 대답은 실로 뜻밖이었으나, 사정을 찬찬히 들어보니 무리도 아니었다. 얼마 전까지만 해도 이 부근에는 손님들의 소매를 적극적으로 끌어당기지 않더라도 적절하게 협상하면 술자리는 물론 잠자리 시중도 드는 젊은 조선인 여자들이 몇몇 대기하고 있었다. 그런데 최근의 불황으로 일부러 교외까지 호기심으로 찾는 손님들이 갑자기 줄어들면서 도저히 장사가 되지 않아 어느새 모습을 감추어 버렸다고 한다. 특수한 거래에 등장할 여인도 없으면 우리들도 어쩔 수 없다. 전화를 걸어도 뛰어올 애인 내지 정인을 두고 있을 정도로 풍류를 즐기지도 않아 아쉽지만 물러나는 수밖에 없었다.

아니, 그뿐만 아닙니다. 요즘에는 경찰도 까다로워 이따금 임시 검문을 한답니다. 밤바람이라고 하나요, 한밤중에 쿵쿵하고 문을 두드리고 허겁지겁 거칠 것 없이 들어온 순사들이 방이란 방은 죄다 허둥대며 조사한답니다. 단골 기생을 안고 도망치는 손님을 '수상한 녀석'이라며 쫓습니다. 놀란 기생들이 새된 비명, 어쨌든 그 밤은 큰 소란이 일어나며 한 쌍이라도 잡혔다간 끝이죠. 우리들까지 심한 잔소리를 듣습니다요. 통통하게 살이 오르고 잉여 노동력에 골머리를 앓고 있는 주인은 우리들이 교묘하게 추임새를 넣으며 듣자 상대방이 신문기자인지도 눈치 채지 못한 채 기름종이에 불을 붙이듯이 이야기를 쏟아냈다.

우리들도 순사님들의 불평을 듣는 게 당연히 싫지요. 하지만 이곳을 러브호텔 목적으로 온 손님들에게도 애초부터 문전박대는 할 수 없고 그렇다고 해서 손님이 돌아갈 때까지 이쪽에서 돌아가시라고 말할 수 없어 그만 당치 않은 일이 벌어지고 마는 겁니다.

술자리에서 교묘하게 알선을 하고 우리들의 술잔에 술을 부으면서 다시 에로 이야기를 이어갔다.

이곳까지 일부러 찾아오셨고 두 분이 사이좋게 얘기를 나누는 모습을 보더라도 아름다운 분이네요. 그래서 저도 부르시기 전까지 가능한 방안에 들어가지 말아야지 하고 결심했습니다. 손님도 요리를 잡수시는 것보다 대회를 나누는 시간이 더 많은 듯합니다.

눈치가 빠른 주인은 계속해서 혀로 입술을 훑으면서 이야기를 이어갔다.

언제인가, 임시 검문에서 잡힌 두 분이 계셨는데요. 두 분 모두 젊고 잘 어울리는 고상한 사람이었습니다만 경찰관 앞에서 부인 쪽이 훌쩍훌쩍 눈물을 흘리면서 "이래서 이런 곳에 오기 싫다고 했잖아요. 소첩의 이름이 알려졌다간……."며 몸부림치려 울다가 끝내 남자의 무릎에 쓰러지고 말았습니다. 아마도 부인의 복장에서 보건대 큰 신세를 지고 있는 사람을 따돌리고 좋아하는 남자와 노닥거린 듯 했습니다. 마침 꽃이 지듯이 모든 파멸을 슬퍼하는 부인의 모습은 이런 장사를 하는 저도 가끔 떠오르곤 한답니다.

우리들의 에로 탐험은 보기 좋게 실패하였다. 하지만 아무런 체험을 못했다고 하나 수다스러운 여관 주인에게 이만큼의 이야기를 얻은 것이 작게나마 위안이 되었다. 마신 술을 소변으로 빼기 위해 밤중에 몰래 일어난 기자는 아래의 요정에서 들리는 여인의 목소리에 잠시 잠자리에서 전전반측하다가 이윽고 아침을 맞이하였으니 슬픈 추억이 될 듯하다. 이튿날 아침 우리들이 작별하면서 절에서 나온 가사 차림의 승려가 어젯밤의 주인임을 알았을 때, 이 절의 경영 구조도 이해하게 되었다.

(경성일보, 1932.3.22)

기생의 집

경성의 기방 마을..... 도쿄의 올 봄부터 도리모리鳥森, 야나기바시柳橋라고 할 수 있는 장소라 하면 남산의 산기슭에 위치한 욱정旭町부터 남산정南山町 부근까지인데 기생은 종로대로를 낀 남북의 뒷골목에서 다옥정茶玉町, 황금정黃金町 1정목 부근이다.

하지만 광택이 날 정도로 깨끗한 기세 좋은 격자문 사이로 고진등御神燈[1]과 원기다나緣起棚[2]가 보이고, 문지방 끝에 소금을 담아두고 있다. 어떤 시골뜨기도 한 눈에 화류계 집임을 알 수 있는 형식은 전혀 없고 문패에서 조금 기생다운 향기가 풍길 뿐, 평범한 민가와 구별이 되지 않는다. 에돌아 지나가는 지저분한 골목길 안쪽에서 갑자기 장구 가락이 울려 퍼져 기방의 존재를 상기시키거나 초라한 누옥陋屋(아, 실례)을 지나치는 순간 스마트하며 모던한 기생이나 선녀 같은 미인이 나타나 눈을 호강시켜 주는 일도 종종 있다. 그럼 기방의 문을 넘어 실내의 모습을 살펴보자.

벽은 흰색이나 푸른색의 꽃무늬를 바르고 온돌 바닥에는 기름종이를 꼼꼼히 붙

---

1) 기루 등에서 재수 좋으라고 문 앞에 달던 초롱.
2) 상가에서 번영을 빌기 위해 신불神佛을 모신 단壇.

경성 기생 국립민속박물관, 『엽서속의 기생읽기』(민속원, 2009)

이고 달리 장식한 것은 없어도 명화 두, 세 점을 걸고 동쪽 벽에는 도원명이 심양강
潯陽江으로 향하는 경치, 서쪽 벽에는 유현덕이 와룡선생을 찾아가는 모습, 남쪽 벽
에는 태공망이 위수에 낚싯대를 드리우는 모습, 북쪽 벽에는 진관대사가 선녀를 만
나는 그림이 걸려 있다.

그리고 족자에는 해학반도십장생海鶴蟠桃十長生을 그리고 부엌 입구에는 오정팔진
五鼎八珍을 그리고 내방 입구에는 '취지무궁용지불갈'이라고 쓴 글씨를 걸고, 방의
입구에는 '부모천년수 자손만세영父母千年壽 子孫萬歲榮'의 글씨가 보이며 뒷문에는
'춘도문전 증부귀春到門前 增富貴'라는 글씨가 걸려 있다.

경성 기생 국립민속박물관, 『엽서속의 기생읽기』(민속원, 2009) 한성 권번 국립민속박물관, 『엽서속의 기생읽기』(민속원, 2009)

　　방의 가구, 세간을 살펴보면, 우선 야광패가 들어간 점사簟笥, 대모玳瑁의 책상, 화
류樺榴의 문갑文匣, 비취의 연상硯床, 산호 옷장, 문호璊瑚의 연적, 용지연龍池硯, 봉황
필이 있으며, 청동화로, 금대야, 촛대, 요강, 재떨이, 담호唾壺[3] 등이 진열되어 있다.
　　또 바닥에는 호랑이 가죽이 깔려 있으며 병풍에는 소상팔경, 백동자, 목련, 사군
자가 그려져 있다. 화려한 보료에 비취색의 베개, 담뱃대는 정교한 대나무를 이용하

---

　　3) 타담호唾痰壺, 타구를 가리키는 듯함.

고, 단소와 가야금이 자리 잡고 있다.

이 얼마나 근사하고 호화로운 생활을 하고 있는가 하고 감탄해서는 안 된다. 이는 어디까지나 옛 소설 『춘향전』의 한 구절로 예의 백발삼천장과 같이 실제 점경이 아니다. 어쨌든 이러한 모양의 소박한 버전이라고 상상하면 될 성 싶다. 기생은 대체로 집을 가지고 있어 요리점이 없던 옛날은 물론이거니와 지금도 집에서 손님을 맞이한다.

"…… 술은 근심을 씻어 준다고 하지 않습니까? 나가서 술을 마시면 어떨까요? 오랜만에 귀공의 가야금 가락을 듣고 싶습니다."

하응과 성하는 초저녁 어둠이 내려앉은 거리로. …… 단골 기방의 대문을 두드렸습니다. 기방에는 벌써부터 유객들로 꽉 차 있었고 벽에 기댄 채로 기생을 품 안에 끼고 농지거리 응수에 벌어진 입을 다물지 못하고 있습니다. 벽과 널문에는 명암도 원근도 모두 무시한 극히 유치한 기법의 산수화조가 그려져 있으며 촛대에는 납의 촉 한 자루만이 타고 있을 뿐이며 담배 연기가 뭉게뭉게 피어올라 이상한 악취가 실내를 떠다니며, 북적이는 사람들의 얼굴에서는 나한羅漢에 백의를 걸친 듯한 꼴로 조금의 풍류도 느낄 수 없습니다.

지금으로부터 16년 전 무렵에는 기생에 다가가는 일조차도 쉽지 않았습니다. 우선 기방을 방문하면 먼저 온 손님에게 "건강하십니까……"

기생에게 "무사하십니까?"

라는 인사를 건넵니다. 만일 익숙하지 않고 처음 온 듯한 행동거지라도 보였다간

"이봐, 자네 같은 사람들이 올 곳이 못 되네."

"당황했나?"

"이 자식들, 세수라도 하고 다시 와라." 등 참고들을 수 없는 야비한 욕지거리를

듣고 좌석도 받지 못하고 배짱을 잃고 문 밖으로 사라지는 수밖에 없었습니다.

하웅이 맨 처음 기방의 문을 두드린 때는 연치 어린 14, 5살 무렵이었습니다. 너무 어린 나이라 기생이 농담 반 "공자님은 너무 이르지 않으신가요?"라고 묻자 하웅은 태연자약하게 "나는 이미 저녁을 먹고 왔네."라고 대답하였습니다.

그 기지와 임기응변에 기생도 먼저 온 손님들도 무심코 기쁘게 맞아 자리를 내주었다고 합니다. 대체로 방에 들어선 후에는

"좀 자리를 좁혀 주시오."

라며 한 번 읍揖하고 먼저 온 손님의 맨 끝 자리에 자리를 차지합니다만 농지거리 응수에 익숙지 않은 사람은 크게 비웃음을 당하고 창피를 당하기 일쑤입니다.

이렇게 몇 번, 자칫하면 십 수번 찾은 후에야 비로소 기생과 친해질 수 있었습니다. 하웅은 이 바닥에서는 용자이면서 패자霸者이기도 했습니다.

－호소이 하지메細井肇, 『복수의 음모』 대조 게재

호소이 씨의 묘사는 실제 경험을 글로 옮긴 것이 명백하다. 기생과 친해지는 경로는 처음 연회자리에서 알게 되어 다음에 지명하여 초대하거나 요리점에서 누구든 상관없다며 지명 없이 불렀는데 마음에 들었거나 등등 다양한데 그 밖에 직접 기방에 놀러가서 마음에 드는 기생을 발견하고 재차 요리점으로 부르는 조선만의 독특한 방법도 있다.

혼자서 자유롭게 기방을 드나들게 되면 이미 어엿한 도락자道樂者 인데 대개는 근처의 삐끼에 이끌려 첫 경험을 하게 된다. 지금은 몇 쌍을 한 방에 들이는 일은 없고 방이 없으면 손님 쪽에서 저어하며 다른 곳을 한 바퀴 쑥 돌아본다. 이렇게 구경만 하는 손님은 1, 2개의 50전 동전으로 담배를 사서 기생을 상대로 담소를 나누며 게 중에는 중국요리 등을 주문하여 술을 마시는 손님도 있다. 손님이라도 돈이 많이 들지 않고 시간에도 제약이 없고, 기생도 요리점에 불려가기 전 남는 시간에 푼돈이지만 팁을 받을 수 있고 손님과도 친분을 쌓을 수 있어 일거양득의 책이라 할 수 있겠다.

특히 기생을 거느리고 있는 집 중, 마담이 지휘하며 몇 쌍의 손님을 조종하고 있는 모습은 소규모 카페를 연상시킨다.

그런데 위의 알선책인 삐끼는 내지의 다이코모치太鼓持[4]와 비슷하여 많은 악을 품고 있는 건달로, 손님을 등쳐먹는 짓은 물론이거니와 왕왕 기생과 모의하여 부자인 탕아나 세상살이에 어두운 시골뜨기를 꼬드겨 있는 대로 짜내고 짜낸 후에 결국에는 땅이나 집까지 담보로 잡아 빚을 지게 만들어 기생의 색기에 허우적대는 자에게 낭비 방법을 붙이는 괘씸한 짓을 저지른다. 그 짓이 발각되어 본인이 준금치산 선고를 받고 모의 작당한 무리와 기생이 사기죄로 잡혀 재판대에 오르고 형무소에 갇혀 신문에 오르내리는 일도 적지 않다.

어쨌든 결국 방탕의 빚에 허덕이면 궁한 나머지 '부사후출급父死後出給'이라 하여 아버지가 사망한 후에 빚을 갚는다는 증서 한 장으로 대차계약을 맺는 불효막심한 아들과 터무니없는 고금리로 돈을 융통해 주는 욕심 많은 고리대금업자가 있으므로 말세라는 말도 마땅하다.

요컨대 기생 놀음은 화대나 술값에 의한 포주, 요리점의 착취가 아닌 직접 기생을 배불리는 일이 많고 정조를 돈으로 사는 거짓 사랑의 보금자리는 대체로 이 넓지 않은 기방의 내방이다. 아래에서는 그 실례를 기술해 보겠다.

5일 오전 10시 경 보슬보슬 내리는 비를 서지 망토를 입고 사람 눈을 피하듯이 인천서에 출두하였다. 그런데 히라시타平下 보안주임 및 와타나베 법무주임으로부터 무슨 일인지 극비리에 심문을 받던 묘령의 조선인 미인이 있었다. 이름은 신금주로 방년 스무 살, 부내 용리의 소성권번에 적을 두고 있는 기생이라고 들었는데 히라시타 보안주임 앞에서 그녀의 입에서 나온 이야기를 풀어보면,

---

4) 손님의 비위를 맞추고 주흥을 돋우는 것을 업으로 삼는 남자.

명월관 본점 연회장 무대
조선요릿집의 원조 명월관 본점 연회장 무대에서 4인이 〈검무〉를 추고 있다(국립민속박물관, 『엽서속의 기생읽기』, 민속원, 2009).

"어젯밤 명월관 주인이 내 침실로 몰래 들어와 추잡한 짓을 저지르고 농지거리를 하여 저를 곤혹스럽게 만들었습니다. 당시 몇 번이나 집에 돌아가시라고 말했습니다만 도통 돌아갈 낌새가 없고 게다가 꽤 술에 취한 상태여서 저는 더 이상 상대해 줄 여력이 없어 잠자리에 들고 말았습니다. 그로부터 얼마 지나 경관의 임시검문이 있었습니다. 그 때 명월관 주인이 제 방에서 자고 있는 것을 발견한 경관은 저를 고발했던 것입니다. 저는 그 주인과 동침한 게 아닙니다."

라며 미리 예방선을 그었는데 인천서에서 과연 이 별난 에로 사건을 어떻게 처벌할 것인가, 호사가들의 이목이 집중되고 있다. ─『일간대류日刊大陸』

명월관 특설무대
명월관 특설무대에서 평상복 차림의 기생 11인이 포즈를 취하고 있다(국립민속박물관, 『엽서속의 기생읽기』, 민속원, 2009).

인천 소성권번 기생 평양 출신 옥선인 박인영(16)과 부내 고물상인 정태익(34)이 자택에서 동침 중인 것을 12일 오전 4시 무렵 순찰 중이던 경관이 발견하였다. 옥선은 현재 본서에 검속되어 취조를 받고 있다. —경성일보, 1932.6.14.

이에 더해 기생의 수완을 잘 말해주는 옛날이야기 중 재밌는 이야기를 두어 개 소개해 보겠다.

〈기생과 징표 주머니 이야기〉
한 남자가 관북(함경남도)을 여행하던 중, 그곳의 기생과 정이 깊어졌다. 꿀과 같은 날들이 지나는 사이 볼일도 다 보고 이윽고 떠날 시간이 되자 작은 석별연을 열었다. 기생은 눈물을 뚝뚝 흘리면서 애달프게 이별의 슬픔을 말하며 "이번에 헤어지면 언제 또 만날지…… 부디 종종 절 생각하시어 연통을 보내 주시어요. 그리고 하나 꼭 들어주셨으면 하는 부탁이 있는데, 이별의 징표로 서방님의 소중한 것…… 이를 한 개 주시어요. 서방님이라고 생각하며 평생 소중히 간직하겠어요." "뭐? 이를 달라고?" 돈을 요구하는 것과 달리 튼튼한 이를 뽑아 달라니 뭐 하나 거칠 것 없는 미남자도 움찔했으나 소중히 간직하겠다는 말에 두말없이 승낙하고 고통과 기쁨의 달콤한 눈물과 침을 흘리면서 가까스로 이 한 개를 뽑아 여인에게 건넸다.

×   ×

세 걸음 가서 두 걸음 돌아오고 뒷머리가 끌리는 기분으로 기생이 사는 읍을 떠난 남자는 잠시 후 철령 고개에 당도하였다. 뒤돌아보니 그리운 마을은 안개 속에 잠들어 있다. 이 고개를 넘으면 저 마을도 시계에서 사라지며 그녀도 지금 분명 비탄에 젖어 있을 것이라며 완전히 센티멘털한 기분에 빠져 우두커니 서 있었다. 그때 같은 길을 걸어오는 한 젊은이가 남자의 존재를 눈치 채지 못했는지 산기슭의 마을을 돌아보면서 푹푹 한숨을 쉬며 올라온다. 이만저만 큰 걱정거리가 있는 듯 한데 참 불쌍하다고 동정심이 발동하여 이유를 묻자 "이런 모습을 보이다니 정말 부끄럽습니다. 실은 저 마을에 부부의 연을 맺은 기생이 있는데 이번에 제가 여행을 떠나게 되어 이별할 때 그녀의 설득에 져서 징표로 생니까지 뽑았지 뭡니까. 그렇게 사랑했던 여인의 곁을 떠나자니 저절로 슬픔이 몰려 와서……"라며 울먹인다.

그 이야기를 들은 남자는 세상에 정말 비슷한 사람이 있구나 하며 감탄하였다. 동병상련의 정으로 위로하며 자세하게 들어보니 아뿔싸, 그 남자와 자신은 구멍 동서였다. "빌어먹을! 교묘하게 당했군."이라며 노기충천하여 쏜살같이 기생의 집으

〔朝鮮風俗〕放生の舞い姿

Keisaing, beautiful dancing girl, Chosen.

기생의 무자태
기성권번 기생의 관기 복장 모습으로, 허리띠에 기성권번 글씨가
선명하다(국립민속박물관, 『엽서속의 기생읽기』, 민속원, 2009).

로 뛰어가 문 앞에서 "내 이를 돌려주게!"라고 얼굴을 붉히면서 큰 소리로 따졌다.
그러자 기생은 냉정하게 작은 서랍에서 이가 가득 들어 있는 주머니를 꺼내 남자
앞으로 냅다 던졌다. "조용히 하시오. 이 한 개, 두 개 정도로 어찌 이리 소란을 피
우시오. 돌려받고 싶으면 주머니에서 마음에 드는 것을 하나 집어 가시오. 나는 뭐
가 당신 것인지 모르니까요." 라며 담배 연기로 동그라미를 만들었다.

〈화대로 아기 유골을 받은 기생의 이야기〉

경성에 이름은 가지, 자가 가습이라 불리는 기생이 있었다. 하찮은 일에 아는 척

하고 잘난 척 하는 성격으로 방약무인한 행동거지를 일삼아 실패했으나 쉽게 고쳐지지 않았다.

어느 날, 거리를 지나가는 오작인(시체를 수습하는 천민)을 발견하고 용건도 없는데 "아무리 남자가 없기로서니 기생 중에 저런 남자를 손님으로 모시거나 몸을 허락하는 이는 세상에 한 명도 없을 것이야." 라며 들으라는 듯이 친구에게 말하여 모욕을 주었다.

이 말을 들은 남자, 분노가 뼛골에 스밀 정도로 화가 났으나 그 자리에서 응분의 반박도 못한 채 화를 억누르며 사라졌다. 하지만 억울함이 치받쳐 꾀를 내어 친구에게 나들이옷을 한 벌 빌려 입고 딴 사람으로 변장하여 태연히 그 기생에게 다가갔다. 그런데 옷이 날개라 했던가, 돈에 눈이 먼 가슴은 그 남자를 의심 없이 시골 신사로 착각하여 융숭하게 대접하고 낙화유수, 유혹하는 대로 남자의 뜻에 따라 이삼일 자신의 집에 머물게 하며 여흥을 베풀었다.

만족스러운 결과에 뜻밖의 기쁨을 얻은 남자는 이별할 때 약소한 선물이라며 아름다운 비단에 싸인 물건을 건넸다. 기생은 크게 기뻐하며 객이 떠나자마자 곧바로 그것을 풀어 보자 열어보고 실망한 판도라상자의 소란 정도가 아니라 안에서 아기 유골이 또르르 굴러 나왔다. 기절초풍하여 얼굴이 창백해진 가슴은 얼마 동안 말을 잇지 못했고 명이 줄어든 기분이었다. 불현듯 그 남자가 지나가다 본 오작인이었음을 눈치 채고 그제야 자신의 경솔함을 개탄하였으나 이미 엎질러진 물이어서 금 5량을 그에게 주고 이번 일은 일체 비밀로 하고 절대로 다른 사람에게 발설하지 말아 달라는 등 간곡히 부탁하였다. 하지만 세상이 이런 이야기를 모를 리 없고 입에서 귀로 전해져 어느 틈엔가 소문이 널리 퍼져 그곳의 사람들은 '마치 중국의 걸인과 기생 이야기'와 똑같다며 크게 웃었다.

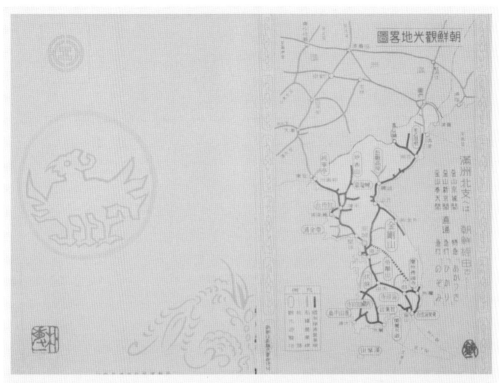

조선 관광지 약도 당시 열차 노선도가 그려져 있는데, 주요 관광지 책자에 빠지지 않는 것이 권번이다(국립민속박물관, 『엽서속의 기생읽기』, 민속원, 2009).

〈걸인과 기생 이야기〉

남경에 한 걸인이 있었다. 한 기생을 깊이 연모하여 어떻게 해서든 하루라도 자유를 주고 싶어 필요한 돈을 모으기 위해 구걸한 푼돈들을 열심히 모아 드디어 은 5량을 만들었다.

지저분한 옷과 쑥대머리인 채로 5량의 은을 두건 뒤에 끼우고 초가집을 나온 걸인은 이미 알고 있던 기생의 집으로 찾아가 문을 두드렸다. 기생은 손님이 왔다고 착각하여 버선발로 달려 나갔는데 실로 지저분하고 언뜻 봐도 구역질이 나는 남자가 문 앞에 서서 뻔뻔하게도 하룻밤 묵게 해 달라고 말하는 것이었다.

　기생은 화가 나 "걸인 주제에 무슨 말을 하는 것이냐. 모르는 것이냐?"라며 갑자기 옆에 있던 지팡이를 들고 한 마디만 더 했다간 용서치 않겠다는 듯이 자세를 잡았다. 허를 찔린 걸인은 기가 푹 죽어 개처럼 도망가니 "꼴좋다."며 기생은 자존심에 상처를 입은 분풀이로 도망치는 남자의 등에 과감하게 조소를 날렸다.

　하지만 정신이 들어보니 맥없이 돌아가는 남자의 두건에 적지 않은 은이 들어 있다. 그것을 보자마자 기녀는 파안일소하였다. "이보시오, 이보시오. 돌아와서 이쪽으로 들어오시오. 당신의 앞모습은 소첩 그리 마음에 들지 않았사옵니다만 등을 보자 꽤 멋진 모습에 금세 좋아졌다오."라며 180도 바뀐 교성으로 남자를 불러 세우고 슬며시 송곳니를 보이면서 손을 끌고 방으로 초대하여 목욕이다 옷을 입힌다며 돌보고 머물게 하고 은이 다 떨어지자 보내 주었다.

연회와 기생

누더기에 싸여 있어도 보석은 광택을 잃지 않는데 자고로 알맞은 자리에 있을 때 자운영은 아름다운 법, 물건은 놓여 있는 장소에 따라 다소 가치가 좌우된다. 이런 점에서 기생의 아름다움은 무엇보다 연회에 있을 때 가장 빛이 난다. 연회의 기생······ 날씬하며 옛 관기를 떠올리게 하는 클래식에 근대의 색을 능란하게 입힌 우아한 그녀들은 실로 조선 부인의 호화판이다. 세상의 번뇌에서 잠시 동안 벗어나 도원에서 기생과 노는 데는 조선요리점의 문을 넘는 것이 가장 평범한 순서이다.

조선요리점은 남자 급사, 좌석은 온돌 그리고 식탁은 탁자 위에 요리를 놓고 주위에 함께 모여 먹는 공탁식이다. 실내에는 병풍을 세우고 상투적인 서화를 배치하고 장침·사방침(협식脇息)에 보욕補褥이라 하여 단자緞子의 끝을 기운 1m×2m 정도 크기의 요가 있다. 이것은 방석이므로 침구로 속단했다간 비웃음을 살 수 있다. 이밖에도 평범한 방석도 있다. 그리고 놋쇠 재떨이와 타구 등이 있는데 의외로 살풍경하다. 본식 향응은 이찬목식耳餐目食과 비슷하여 가짓수가 굉장히 많다.

······ 교자상에는 대체로 이 나라의 미각 중 귀한 대접을 받는 요리들이 준비되어 있었습니다. 한강상류에서 잡은 4, 5척 크기의 잉어는 활어로 큰 접시에 올라와 있

고 신선로도 딱 알맞은 불 위에서 맛있는 냄새를 풍기며 보글보글 끓고 있습니다.

지금은 조미료도 발달하고 메뉴도 많이 바뀌었습니다만 그 무렵에는 아직 고래의 요리가 그대로 이어지고 있었습니다. 귤, 청매, 무동, 건포도, 산사, 연뿌리를 섞은 정과, 밀가루와 백청(벌꿀)을 참기름에 튀긴 약과, 빛깔 찬란한 오색떡, 잣을 산사와 꿀로 굳힌 백자병, 백병과 녹엽, 미나리, 생육, 표고버섯, 호박, 백설탕떡볶이, 제육과 생육을 주재료로 미나리와 양파를 넣은 화양전, 그리고 해삼전, 난포, 배추전, 육전유어, 어전유육, 편육, 육회, 어회, 생선전유어, 어만두, 잡탕, 첨채甜菜, 화채, 수란, 약식, 이숙梨熟, 말린 전복의 전복구이가 빽빽이 올라와 있고, 한 구석에는 무와 배추에 전복, 참조기, 고춧가루, 마늘을 섞어 담근 이 나라 특유의 김치까지 준비되어 있습니다.

－호소이 하지메細井肇, 『대원군의 대두』 대조 게재

인심이 박한 요즘, 이런 산해진미가 올라간 식전방장은 기껏해야 글로 옮길 정도이며 보통 4, 5원 짜리 요리는 신선로를 중심으로 12, 3종류가 이어지는데 눈에 띄는 것은 5, 6가지 정도이다. 이 정도는 2, 3인분으로 충분할 듯하다.

그런데 기생을 부르면 화대는 1시간에 1원에서 1원 30전이며 그 밖에 찻삯이 별도로 징수된다. 가야금을 들고 연회에 오는 기생을 발견하기도 하는데 가장 보편적인 패턴인 장구는 요리점에 비치되어 있어 대여할 수 있다. 본격적인 춤에는 기력이 없는 노인들로 구성된 오케스트라가 배석하므로 별도 요금이 징수된다. 팁은 손님의 자의이다.

기생이 술좌석에 들어올 때는 손가락을 바닥에 대고 '안녕하세요.'라고 말은 하지 않으나 내선 공통적으로 아양을 떤다. 여기서 내지인의 요정이라면 여 종업원이 "들어오시오. 자 이쪽으로……"라며 급히 안으로 이끌고 기녀도 "언니, 고마워요. 손님 잘 오셨습니다." 등 두루 입에 발린 소리를 해대며 언뜻 잘 알던 사이인 양 즉시 여유 있는 분위기를 조성하나, 유감스럽게도 조선에서는 여 종업원도 급사도 배석하지 않기

검무 국립민속박물관, 『엽서속의 기생읽기』(민속원, 2009).

때문에 기생이 직접 자기소개를 통해 영업을 전개하게 된다. 그런데 기생 상대의 화제
는 연극도 영화도 아니다.

> "자네는 기명이 뭔가?"
>
> "음, 어떤 글자를 쓰는가?"
>
> "자네는 어디 출신인가?"
>
> "자네는 어디 사는가?"
>
> "가족은 많은가?"
>
> "자네는 어디 권번 소속인가?"

검무 국립민속박물관, 『엽서속의 기생읽기』(민속원, 2009).

"자네는 올해 몇인가?"

"기생이 된지는 몇 년이나 되었나?"

"내지어가 꽤 능숙한데 어디서 배웠나?"

"어떤가, 요즘 벌이는 좋은가?"

마치 호구조사의 담당 직원인양 끈질기게 질문한다. 내지의 게이샤라면 한 번으로 관을 비스듬히 기울인다. 대체로 촌스럽기 짝이 없어도 로마에 가면 로마법을 따르듯이 이곳에서는 오히려 당연한 문답이므로 재미있다.

무엇을 바꾸리오, 여 종업원도 급사도 자리에 배석하지 않으니 기생이라도 부르지

사고무 국립민속박물관, 『엽서속의 기생읽기』(민속원, 2009).

않는 한 객은 홀로 묵묵히 먹고 마시는 수밖에 없으니 대단히 몰취미하다. 이로써는 카페가 번창하고 저급한 음식점이 비교적 많은 손님을 끌어들이는 것도 마땅하다. 여종업원이 없는 탓에 옛날에는 다음과 같은 불미스러운 일도 있었다.

어느 날 밤, 두서 명의 조선인과 종로 모처에서 회식을 가졌을 때의 일이다. 손님들로 어느 정도 붐볐고 담소에 빠져 있을 때 문이 열리고 사각사각 옷이 스치는 소리가 들렸다. 고개를 돌려보니 늘씬한 한 미인이 짧게 인사를 하고 백수선이 꺾어지듯이 무릎을 꿇었다. 누가, 언제, 왜 이렇게 세심하게도 배려해 주나 하고 속으로 감복하고 있었는데 좌중을 둘러보니 모두 기생을 의아한 눈초리로 주시하고 있고

(許不製褐)(美34) Striking Drum of a "Kiisan" 打鼓大の生妓 (俗風酌朝)

사고무 국립민속박물관, 『엽서속의 기생읽기』(민속원, 2009).

좌흥은 완전히 깨져 있다. 그러자 갑자기 그 기생은 안면 신경을 들들 떨면서 "실
례했습니다."고 말하고 허둥지둥 퇴출하는 것이 아닌가. "아!"하고 또 다시 깜짝 놀
랐으나 이미 떠난 기차고 작은 새는 하늘로 날아 올라가 버렸다. 마치 귀신에 홀린
듯 했다.

즉 그녀는 객실을 혼동했던 셈이다. 밀월여행에서 호텔 룸을 혼동한 신부가 신랑
을 방치하고 생면부지의 사람에게 초야권을 바쳤다고 하는 거짓말 같은 실화조차
떠도는 세상이니 부득이한 일이라고 포기해도 이로써 기생이 가엾다면 이쪽도 통한
하기 이를 데 없는 난센스극의 배역을 맡은 꼴이 된다. 사고 방지를 위해 "부르셨는
지요. 이 자리에 앉을까요?"라며 나팔꽃일기朝顔日記[1]의 미유키深雪의 흉내라도 시

키지 않는 한, 어쩔 수 없는 일이다.

기생의 복장은 흰 천에 작은 무늬를 넣은 비단천의 저고리에 푸른빛의 담백한 치마, 상의의 깃과 소맷부리에는 적색과 녹색의 화려한 것을 붙이고 머리에는 비취색 혹은 황금색 비녀를 꽂고 손톱은 봉선화로 물을 들였다. 섬약한 손가락에는 두 서 개의 반지를 끼고 청초한 아름다움을 뽐낸다.

손님이 소인수라면 한쪽 무릎을 꿇고 술을 따르거나 담뱃불을 붙이는 정도가 일반적인 서비스인데 대부분의 연회 때는 자리가 정해지면 기생이 한차례 식기 뚜껑과 요리를 덮은 얇은 종이를 치우고 술잔에 따른 술을 다시 본래의 병에 부은 다음, 술잔을 덥힌 후 다시 따른다. 일본 전통주의 경우에는 한차례 모든 사람의 잔을 채우는데 여기서는 술이 시작될 때는 '권주가'를 부른다. 여 종업원이 선창을 하면 기생들이 일제히 합창하는데 익숙지 않은 이들의 귀에는 마치 큰 목재를 나를 때 힘을 합치려고 여럿이서 부르는 노래(혹은 옛 에도시대의 종교단체인 후지코의 염불소리)처럼 들린다. 가사를 잠시 소개해 보자.

불로초로 술을 비저
만년배에 가득 부어
잡으시는 잔마다 비나이다
한이 없는 수명을
이 잔 곧 잡으시면
만수무강하오리다
잡으시오 잡으시오

---

1) 가부키극 중 하나.

이 술 한 잔 잡으시오

손님 중 연장자가 우선 첫 잔을 마신다. 그러면 기생이 한 손에 잔을 들고 직접 술을 따라 잔대에 올려 옆 손님에게 올린다. 이렇게 순서대로 잔이 돌아간다.

술잔이 몇 번 돌아가면 장구 소리와 좌창, 가야금의 그윽한 소리 등까지 합쳐진다. 노래는 시조가사, 잡가가 있고 각 지방의 특색이 있으며 무대의 유무에 상관없이 검무, 승무, 사고무 등의 춤도 있다. 또 내지의 유행가나 리뷰revue식 댄스도 있다. 물론 이는 유행에 편승한 이단적인 것으로 결코 칭찬할 만한 것은 아니다. 옛날에는 연회가 끝날 무렵에는 '파연곡罷宴曲'을 합창했다고 하는데 이 가사는 그리 서정적이지 않다.

> 파연곡 하사이다
> 북두칠성 앵돌아졌네
> 잡을 님 잡으시고
> 날 같은 님 보내소서
> 동자야 신발 돌려놓아라
> 갈길 바빠하노라

기생과 가무

기생의 노래는 대체로 시조, 가사, 잡가 세 가지로 당시의 유행가도 부르나 이는 따로 취급하며 그 중에서 시조가 정가로 국왕을 비롯해 명신유학자, 명기의 작품도 많다. 그런데 기생의 가요에 대해 이 세계의 권위자인 최남선 씨는 본래 특정 지방적인 존재였던 전 조선의 민요를 대부분 현재 경성에서 들을 수 있게 된 이유를 대원군 시절, 경복궁 중건 공사를 위해 전도에서 소집한 부역자들이 부른 노래가 어느새 경성인들의 입에 남아 오늘날에 이르고 있다고 설명하고 있으며 이에 더해 다음과 같이 의의를 밝히고 있다.

…… 지금 이유 중 하나는 경성 화류계의 신국면이다. 예를 들어 과거 기생은 '품격'을 최고로 삼고 적어도 이요俚謠, 속곡을 부르면 끝장으로 기생으로서의 품격을 거의 잃어버렸는데 지금은 만곡 평등, 아니 오히려 속곡을 최고로 삼으면서 격이 달라졌고 옛 민요만으로는 수요를 감당하기 어려워 새로운 수요에 부응하기 위한 것들이 속속 만들어지고 있다.

또 옛날에는 가령 경성이라 해도 기생의 산지나 머릿수는 모두 제한적이었으나, 지금은 동서남북 어디서나 들어오기 쉬워졌고 더욱이 예藝라는 것이 속곡이 최고여서 어느 정도 민요의 지방색과 종목을 경성에서도 대충 고찰할 수 있게 되었다. 웅혼하면서 위압적인 영남풍(경상). 유화하고 여유가 있는 호남풍(전라). 또는 청화한아清和閒雅 긍정적 기분이 창일漲溢한 경성풍. 촉박애초상심促迫哀楚傷心의 소리 아님이 없는 서도풍(평안, 황해)을 하룻밤 한 자리에서 모두 음미해볼 수 있는 것이다.

그리고 사랑가, 농부가, 방아타령, 자장가는 두말할 필요도 없다. 말몰이 소리와 놀령, 배떠나기, 함흥도 소녀의 베틀가, 황해도 노파의 목화 따는 노래, 경상도 무녀의 정주풀이도 특수한 것인데 일부를 제외한 나머지 중 경성에서 들을 수 없는 것은 거의 없음이 명백하다. 하지만 기생도道 및 여흥도道의 민중화는 '시조' 그 밖의 영조정성鄭調正聲이라 불릴 만한 것을 홍등녹주 부근에서 전부 구축驅逐하지 않으면 멈추지 않을 기세를 보이고 있다.

－『진인眞人』 제5권 제1호 게재

다음으로 시조, 기타 가사를 몇 가지 채록해 보겠다. 원문은 온전한 시, 한문, 조선어이므로 원문의 뜻을 해치지 않는 선에서 생경함을 피하기 위해 의역해 보았다. 미흡한 선정으로 인해 옛 것과 지금의 것, 딱딱한 것과 부드러운 것이 섞여 있으며 또 번역문의 통일성이 없는 점 등을 너그러이 봐 주길 바라며 요컨대 기생이 부르는 가요는 대개 다음 같은 노랫말을 가지고 있음을 알아주었으면 한다.

×   (하리요)

산촌에 밤이 드니   ×

면데 개 짖어온다   서산西山에 일모日暮하니

시비柴扉를 열고 보니   천지가 가이없다

하늘이 차고 달이로다   이화梨花 월백月白하니

저 개야 공산에 잠든 달을 짖어 무삼   님 생각이 새로왜라

두견杜鵑아 너는 누굴 그려
밤새도록 우나니

×

청강에 비 듣는 소리
그 무엇이 우습관대
만산홍록이 휘두르며 웃는고야
두어라 춘풍이
몇 날이리 웃을대로 웃어라

×

밝은 달 산 위에 오르니
계천에 게들이 내려간다

어망과 술병을 들고
시비柴扉를 나가니 해질녘 전에
오고가는 아이들이 달려와
왜 늦었냐고 나에게 묻네

×

강 가운데에 그림자 띄우며
지는 해에 비추니 가을 산
낚싯대를 들어 저으니
청흥이 절로 솟으네
교교히 비치는 달빛
나무 끝에 올라온다

×

지나간 밤중의 폭풍우로
흩어져 깔린 마당의 복사꽃
아이가 빗자루를 들고
쓸고 모아 버리려고 한다
떨어져도 꽃은 꽃이니
쓸고 버리지 마라 아이야

×

태산이 높다하되
하늘아래 뫼이로다
오르고 또 오르면
못 오를리 없건마는
사람이 제 아니 오르고
뫼를 높다 하더라

×

까마귀 싸우는 곳에 백로야
가지마라
성낸 까마귀들이
너의 흰빛을 시샘하나니
맑은 물에 깨끗이 씻은 몸을
더럽힐까 하노라

×

흥망興亡이 유수有數하니
만월대滿月臺도 추초秋草로다.
오백 년五百年 왕업이

목적牧笛에 부쳐시니

석양夕陽에 지나는 객客이

눈물계워 하노라.

×

지당池塘에 비 뿌리고 양류楊柳에 내

끼인

제 사공沙工은 어디가고

빈 배만 매였는고

석양夕陽에 짝 잃은 갈매기는

오락가락 하노매

×

까마귀 눈비 맞아 희는 듯 검노매라

야광명월이 밤인들 어두우랴

님 향한 일편단심이야

고칠 줄이 있으랴

추강에 월백커늘

일엽주를 흘니 저어 낙때를 돌처 드니

자든 백구 다 놀라 난다

저희도 사람의 흥을 알아

오락가락 하더라

×

설월雪月이 만창滿窓한데

바람아 부지 마라,

예리성曳履聲 아닌 줄을

판연히 알건마는,

그립고 아쉬운 적이면

행여 권가 하노라

×

님으란 회양금성 오리남기 되고

나는 삼사월 츩너출이 되어

동冬셧달 바람비 눈 셔리를 아무만

마즌들

풀닐줄이 이시랴

×

낙엽성落葉聲 찬 바람에

기러기 슬피 울고

석양夕陽 강두江頭에

고은 님 보내올 제

석가釋迦와 노담老聃이 당當한들

아니 울고 어이리

×

식불감 침불안食不甘寢不安하니

이 어인 모진 병고

상사일념相思一念에 임 그리든 탓이로다

저 임아 너로 든 병이니

네 고칠가 하노라

〈권주가〉

불초로 술을 빚어 만년배에 가득 부어 잡수신 잔마다 비나이다. 남산수를

이 잔 곧 잡수시면 만수무강 하오리라.

잡수시오 잡수시오. 이 술을 한 잔 잡수시오.

이 술이 순이라니라 한무제 승로반에 이슬을 받은 술이오니

이 술 한잔 잡수시면 천년 만년 사오리라

약산동대 멀어진 바위 꽃을 꺾어 주를 놓아 무진무진 먹사이다

인생 한번 돌아가면 다시 오기 어려워라 권할 적에 잡수시오

백년가가 인인수라 우락을 충분히 백년을 권할 적에 잡수시오

우왈장사 홍문번쾌두 치주를 능류하되 이 술 한잔 못 먹었으니 권할 적에 잡수시오

권군갱신 일배주하니 서줄양판 무고인을 권할 적에 잡수시오 잡수시오

제것 두고 못 먹으면 왕장군지고자오니 약비아지박등이며 사적자지입정이라.

첫째 잔은 장수주요 둘째 잔은 부귀주요 셋째 잔은 생남주라.

잡수시오 잡수시오. 계속해서 잡수시오

고래로 현인은 죽으면 다 말이 없나니, 오직 마시는 자만이 그 이름을 남겼으니

잡수시오 잡수시오. 莫慟床頭 沽酒錢하라 돈이야 다 써버려도 다시 돌아오는 것이니.

내 잡아 권한 잔을 사양 말고 잡으시오

만수산 만수봉에 만년장수 있사온데, 그 물로 빚은 술을 만년주라 이름 붙이니

이 잔을 즉시 잡으시오면 만수무강 하오리다

〈사미인곡〉

평생平生의 허랑虛浪하야 시주詩酒를

일삼더니

호화豪華에 뜻을 두고 풍월風月에 버

지 되야

백일百日이 무정하니 세월이 깁허세라.

절대가인을 오매에 구하더니

성동미일인을 우연히 만나보니
청산미 세류요는 태도를 띄였는 듯
황금찬 자라삼은 광채를 도와 있고
주순을 반개하고 명모를 흘니 뜨고
호치를 드러내어 향어를 수작할 제
부용화가 피였는데 새 달이 얼히는 듯
오색운 깊은 곳에 일선녀가 내려온 듯
서시가 고쳐 오며 태진(양귀비)이 다
시 난가
가기를 굴지하고 숙연만 믿었더니
삼춘에 깊은 병이 골수에 맺혀세라
아모리 편작인들 이내 병을 어이하리
누운들 잠이 오며 기다린들 님이 오랴
오경야 잔등하에 꿈이 길엇도다
장상사재장안은 님의 가심의 무엇든가
차시이한은 조물에 타시로다
무산십이봉에 동운우 느껴 간다
약수 삼천리에 청조도 끗쳐 잇다
동풍에 제비는 춘풍을 자랑하고
문전류장 의매는 가지마다 봄빗이라
금사로 꾸며 잇고 옥설로 비져 잇다
인생부득갱소년은 나도 잠간 드럿노라

동풍도리편시춘을 님은 어이 모로는고탁문
군의 거문고를 월로승에 맺어내니
남산송백수로 깁흔 맹세를 지어
상사문 전객긔를 남의 일노 우엇더니
간화루대월수는 나 혼자 더욱 셟다.
죽지사 매화곡을 님의 일흠 사마두고
적무인 월황혼 한숨 셧거 음영하니
청천은 말이 업고 야색이 처량한대
한 시름 못 이기여 사창을 의지하야
수가옥적성을 슯히 부러 보내는고
요량한 소리로 남은 간장 다 녹는다
이내 회포 그려 내 여 임 계신 대 견하고져
인비목석이라 슬어 아니 하랴마는
성동 새 다리를 오작교 삼아두고
칠월칠일을 바라기 어렵도다
청천에 져 기럭이 이내 소식 가져다가
심심옥란간에 님의 잠을 깨오렴은
중랑장 소무도 만리외에 부쳣거든
장안성 일보지야 그 아니 쉬울손가
진실노 젼키 곳 견하면 님도 나를 슬허하
리라.

〈청춘행락가〉

어화 소년들. 어제 청춘, 오늘 백발, 그 아니 한심한가.

장내의 일등미색들아 호협타고 자랑마라. 서산에 지는 해 그 뉘라 금지하며, 창해로 흐르는 물 다시 오기 어려워라

요순우탕 문무주공 공맹안 증정주자 도덕이 관천하사 만고성현 일렀건만 미미한 인생들이 저 어이 알아보리.

강태공 황석공 사마 양저 손빈 오기 전필승 공필취는 만고명장 일렀건만 한번죽음 못 면했네

벽라수 맑은 물은 굴삼려의 충혼이요 상강수 성긴비는 오자서의 정령이라 채미하던 백이숙제 천추명절 일렀건만 수양산에 아사하고

말잘허는 소진장의 열국제왕 다 달래도 염라왕은 못 달래어 춘풍세우 두견성에 슬픈 혼백 되었도다,

맹상군의 계명구폐 신릉군의 절부구조 만고호걸 일렀건만 한산세우 미초중에 일부토만 가련하다,

통일천하 진시황도 아방궁을 높히짓고 만리장성 쌓은 후에 육국제후 조공받고 삼천궁녀 시위할제 동남동녀 오백인을 삼신산 불사약을 구하려고 보낸 후에

소식조차 돈절하고 사구평대 저문날에 여산황초 뿐이로다,

역발산 초패왕도 시불리혜 추불서라 우미인의 손목잡고 눈물뿌려 이별할제 오강풍랑중에 칠십삼전 가소롭다

동남제풍 목우유마 상통천문 하달지리 전무후무 제갈공명

난세간웅 위왕 조조 모연추초 처량허고

사마천과 한퇴지와 이태백과 두목지는 시부중에 문장이요 월서시와 우미인과 왕소군과 양귀비는 만고절색 일렀건만 황량고총 되어있고

팔백장수 팽조수며 삼천갑자 동방삭도 차일시 피일시라

안기생 적송자는 동해상의 신선이라 일렀건만 말만듣고 못보았네

아서라 풍백에 붙인몸이 아니놀고 무었하리.

〈담바귀야〉

귀야 귀야 담방귀야. 동래울산에 상륙하여 우리 대한국에 도래한 담바귀야. 너의 나라는

사계 따뜻하여 만국에서 으뜸이라고 하더니 왜 그곳을 떠나 이 땅에 왔느냐.

담배는 웃으며 대답하였다. 나는 본래 모국을 버린 것이 아니니, 그저 유람하러 왔을 뿐

이니.

그럼 부국에서 빈국에 온 것이니 분명 재물보화를 베풀어 줄 것이지. 금을 주러 왔느냐,

은을 주러 왔느냐, 어여 빨리 재포財布의 끈을 풀어 가난한 우리들을 구해 주어라.

너희들 같이 게으름뱅이에게 재물보화를 줘도 낭비할 뿐이니 가지고 온 담배씨를 뿌려

줄 것이니.

보아라, 산자락을 개간하여 씨를 뿌리면 날이면 태양을 제고 밤이면 밤이슬 맞어

이렇게 금세 자라난다.

겉대잎을 저쳐놓고 속대잎을 저쳐놓고 나쁜 것은 빼고 좋은 것만 따서 날카로운 장도칼

로 어슥어슥 쓸어 놓고 먼저 자신의 쌈지를 채우고 아이의 쌈지를 채워 주고 소상반瀟湘

斑의 장죽을 가지고 금의 큰 화로로 불을 피워 보세.

한 모금 피우니 오색으로 물든 구름, 인후 쪽에서 올라오고 안개처럼 기다랗게 끼네.

그리고 또 한 모금 피워보오. 청룡, 황룡이 출현하여 먼 하늘로 높이 올라가네.

〈기생자탄가〉

야속한 것이요, 세월이 가네   여자로 태어나 바라는 바는

꽃의 안색, 지나가는 사이에   혼기 놓치지 않고 서방님을 갖는 것

백발로 변하니 어이할까

희로애락 그 안에
아이를 기르고 끝내네.

허무한 것이요 기녀의 몸은
들뜨고 남자들에게 시중 들고
웃음을 팔고 기예를 팔고

세월과 함께 쇠약해지네.

아아, 세상의 여인네들이요
숙세의 운은 별 수 없으나
여자로서 몸을 지키고
기녀가 되는 것을 삼가라.

〈난봉가〉

슬슬 동풍에
궂은 비 오고
시화연풍에
님 섞여 노잔다
　　　×

장산곶 마루서
북소리가 나드니
금일은 소첩도 나가
임 만나 보세

〈수심가〉

천수만한 서리밤에
일일야야 수심일다
내 마음 풀어내어
수심가를 부르리라
슬프다 우리 낭군
어데 간고 수심일다
한 번 가고 아니오니
이내 마음 수심일다
　　　×

약사몽혼若使夢魂으로 행유적行有蹟이면
문전석로門前石路가 반성사半成砂로구나
창만한 구름 밖에 님의 소식이 망연이로다
우리네 두 사람이 연분은 아니오 원수로구나
만나기 어렵고 이별이 종종 잦아서 못 살
갔네
　　　×
놉세다 놉세다
젊어만 놉세다

나이 들면 못 놀리라

인생 한번 돌아가면

만수장림萬樹長林에 운무雲霧로다

청춘홍안을 아끼지 말고

마음대로 놉세다

〈육자배기〉

저 건너 갈미봉에

비가 몰려 들어온다

우장을 두르고

지심 매러 갈거나

　　　　×

내일 이 초당 앞에

백년가약의 풀을 심으나

바라는 계약의 싹은 트지 않고

올해는 이별의 꽃이 만개하였네

〈무당노래가락〉

청산도 자연이고

녹수도 또 자연이네

산수가 자연이면

그 사이에 태어난 인간도 자연이니

우리네 자연 속에서 삶을 얻었다면

늙어 가는 것 또한 자연에 지나지 않

으네

　　　　×

깊은 밤중 창밖에서 이슬비가 내릴 때

두 사람의 마음은 둘 만이 아니

신정新情이 미흡한데

동쪽 하늘이 장차 밝아온다

다시금 나삼을 부여잡고

훗날의 기약을 정하더라

　　　　×

황학루黃鶴樓 저笛 소리 듣고

고소姑蘇 성에 올라가니

한산사寒山寺 찬바람에 취한 술 다 깨거다.

아이야 주가酒家가 어디냐?

목동, 멀리 떨어진 살구꽃 마을을 가리키네

　　　　×

골고루 비추는 달그림자를 쬐며

금능에 작은 배 띄우니

물 속에 밝은 달 있네

하늘에도 밝은 달 있네
아이야 물속의 달을 잡아보아라

그것을 주옥珠玉 삼아 놀란다.

〈성주풀이〉

성주 근본이 어데메나
경상도 안동땅에 제비원이 본이로다.
제비원에 솔씨를 받아
소평小坪 대평大坪에 던졌더니
그 솔씨 점점 자라 소부동小俯棟이 되
었구나
소부동이 점점 자라
대부동大附棟이 되었구나
대부동이 점점 자라
청장목이 되었다.
파랗게 자란 청장목이 자라

황장목이 되고
       ×
낙양성 십리허에
높고 낮은 저 무덤은
영웅호걸이 몇몇이며
절세가인이 그 누구냐
우리네 인생 한번 가면
저 모양이 될 터이니
살아 있는 동안 먹고 자고
유쾌하게 열심히 노세.

〈아리랑〉

우리네 인간 한 번 죽으면
또 다시 꽃은 피지 않으니
아리랑 아리랑 아라리요 아리랑, 에
헤라, 놀다가세.
       ×
친구는 본래 타인이거늘
왜 이리도 무정할 것이냐.

       ×
세월은 빨리 흐르는 것
작년의 봄이 또 왔구나.
       ×
놀고 싶은 마음은 추운 날 풀솜을 바라는
정도이나
생계에 쫓겨 놀지 못하네.

〈아리랑〉

아리랑 아리랑 아라리요

아리랑 고개로 넘어간다

나를 버리고 가신 님은 일리[1]도 못가서 발병 난다

　　　　　×

아리랑 아리랑 아라리요

아리랑 고개로 넘어간다

풍년이 온다 온다, 해산海山 삼천리에 풍년이 온다

〈신아리랑〉

무산자 누구냐 탄식마라　　　　아리랑 아리랑 아라리요

부귀와 빈천은 돌고 돈다　　　　아리랑 고개로 넘어간다

아리랑 아리랑 아라리요　　　　　일간두옥의 우리 부모

아리랑 고개로 넘어간다　　　　　생각할수록 눈물이라

　　　　×　　　　　　　　　　아리랑 아리랑 아라리요

일락은 서산에 해가 지면　　　　아리랑 고개로 넘어간다

월출 동령에 달이 솟네

　위는 조선어의 아리랑 기분을 내 보려고 특별히 원문을 실은 것이다. 가사는 "가난한 자는 누구인가, 탄식하지 마라, 부귀도 빈천도 돌고 돈다." "태양이 서산으로 지면 달이 동령에서 떠오른다."라는 뜻으로 일반적인 것이다. 그리고 한 음반에 실려 있던 일본어 아리랑을 악보와 함께 게재해 본다.

---

1) 일본어 원문에 '십리'가 아닌 '일리'라 되어 있음.

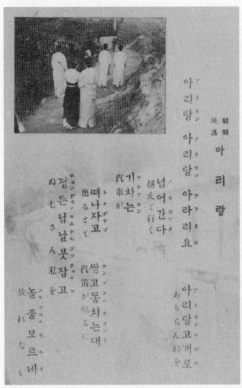

아리랑　국립민속박물관, 『엽서속의 기생읽기』(민속원, 2009)

(아리랑)

다장조 3/4

아리랑 아리랑 아라리요

아리랑 고개로 넘어간다

술이여 꽃이여 나와

눈물을 흘린 고개에

〈아리랑〉

1. 아리랑 아리랑 아라리요
   아리랑 고개로 넘어간다
   술이여 꽃이여 나와
   눈물을 흘린 고개에……

2. 아리랑 아리랑 아라리요
   아리랑 고개로 넘어간다
   누가 알아주리오 내 심정
   홀로 쓸쓸이 가는 내 심정.

3. 아리랑 아리랑 아라리요
   아리랑 고개로 넘어간다
   하늘은 파랗고 구름은 희고
   새는 즐겁게 지저귀네.

4. 아리랑 아리랑 아라리요
   아리랑 고개로 넘어간다
   왜 홀로 넘어가나
   모두 사랑 때문에 슬퍼하네

춤에 대해서는 구체적으로 설명하기 어려우니 고전적인 춤은 '여악' 페이지에서, 또 현행 춤은 '기생의 인상'이라는 페이지를 통해 우선 각각의 모습을 상상한 뒤, 실지 탐험에 나서 보는 것이 좋을 듯 하다. 참고로 『조선과 연극』이라는 제목을 달고 있는 후지이 아키오藤井 秋夫 성대예과城大豫科 교수의 담화 한 구절을 실어 본다.

며칠 전, 원산에서 돌아오는 도중 석왕사에서 하루를 보내고 야행열차를 기다리는 사이 무료함이 밀려와 마침 텐트를 친 작은 창고에서 상연 중인 신파(?) 연극을 한 시간 정도 들여다보았을 때도 나는 '조선에는 연극이 없다.'는 생각을 다시금 깊이 하게 되었다. 그 연극에는 역시 서로 사랑하는 젊은 남녀가 등장한다. 부자인 원수도 나오고 익살꾼도 등장한다. 대충 인물들은 다 갖추고 있는 듯하나, 배경도 의상도 없다. 조명 등은 물론 있을 턱이 없고 램프를 무대 좌우 두 군데에 매달았을 뿐이며 더욱이 줄거리도 온통 다른 곳에서 차용한 것뿐으로 익살꾼이 부르는 '아리랑' 노래 외에는 조선의 독창적인 색이 조금도 드러나지 않는다. 그럼에도 30전의 입장료를 지불하고 들어간 손님이 저 산간의 작은 마을만 해도 백 명 이상이니 조선인들에게 연극이 얼마나 신기한 것인지를 잘 알 수 있다.

×

'조선에는 연극이 없다.'고 언급했는데 조선에 연극이 될 만한 요소가 없는 것은 아니다. 없기는커녕 조선의 요소는 연극사적으로 볼 때 극히 귀중하다. 그 귀중한 요소가 대내외의 연구자로부터 전혀 주목을 받지 못한 채 조선의 주민들에게도 홀대를 받고 있다는 점이 유감스럽기 짝이 없다. 굳이 말하자면 조선의 아악은 다소 사람의 입에 오를 가치가 있다.

×

조선이 가진 연극적 요소란 과연 무엇일까? 첫째로 '무당춤'이다. 그리고 '탈춤'과 '인형'이 있다. 민간의 '춤'이 있다.

×

'탈춤'이 연극과 밀접한 관계가 있다는 사실은 그리스의 연극이나 일본의 가구라神樂나 노能를 보더라도 알 수 있다. 연극학자들은 이 방면에까지 널리 손을 뻗고 있으나 우리들은 『연극과 연극적 춤』의 저자인 리지웨이 교수도 『가면과 악마』를 저술한 마크 곤도 모르는 독특한 '탈춤'을 조선에서 발견한 셈이다.

조선의 탈춤은 물론 일종의 오페라이다. 춤은 단조로움에서 벗어나지 못했으나 자바 등지의 춤과 비교해 흥미가 떨어지는 것도 아니다. 탈은 목제, 종이제, 그리고 독특한 바가지제 등이 있고 세상에 널리 알려져 있는 지하대장군의 상보다 훨씬 홍미롭다. 시카고의 필드 뮤지엄의 가면 진열장에 있는 티베트의 가면과 함께 전시한다면 분명 세인의 주목을 끌 것이라 확신한다.

조선의 춤도 또한 연극적 요소로 충만해 있다. 기생이 추는 탓에 비교적 자주 볼 수 있는 승무나 검두무劍兜舞[2]는 노와 비슷한 것인데 『진연의궤進宴儀軌』 등에 나타난 춤 가령 선유락이나 쌍무고, 쌍포구락雙抛毬樂,[3] 가인전목단佳人剪牧丹 등은 일본의 아악雅樂과 대조해 보아도 분명 흥미로울 것이다. 며칠 전인가 대전 거리에서 가슴에 갖가지 악기를 매달고 모자 끝에 긴 끈을 늘어뜨린 일군의 사람들이 원을 그리며 악기를 연주하고 끈을 돌리며 춤추는 광경을 보았는데 그것도 무대에 소개해도 충분히 관객의 흥미를 끌 것이라 보인다.

×

그 밖에 음악 방면에도 당연히 연극적 요소를 내포한 것이 많다. 『청구영언』 등에 기술되어 있는 장구의 리듬을 쓸데없이 압록강절이나 도쿄행진곡을 위해 낭비해버려서는 너무나도 아깝다. ─주간 아사히

2) 검기무劍器舞를 말하는 듯함.
3) 일본어 원문에는 '쌍포구무'라 되어 있음.

기생의 인상

妓生の印象

기생과 새장 속의 새
근대 감각을 접하다
연주의 정열과 힘

기생과
새장 속의 새

　다소 오래된 이야기인데 경성 땅을 밟은 지 약 한 달 가량이 지났을 때, 한 연회의 술자리에서 기생을 본 것이 기생을 접한 최초의 경험이었다. 최근에야 내지인의 객석에서 시중을 드는 기생들 중 일본어를 모르는 기생은 거의 없으나, 당시에는 경성에도 일본어를 할 줄 아는 기생은 손에 꼽을 정도였다. 이쪽도 전도가 암담한 호기심으로 우리, 당신, 반했어요 등 얼토당토않은 서투른 말을 선배에게 배워 의기양양하던 차여서 기생이 부르는 노래 가사는 동석한 조선인의 설명을 듣고서야 이해할 정도였다. 장구를 어깨에 둘러메고 치마를 걷어 올리고 두 명(?)이 노래하고 춤추는 몸놀림은 그저 괴상하기 짝이 없었으며 연회의 과정은 도통 오리무중이었다.

　그로부터 얼마 지나지 않아 신의주로 가서 압록강의 얼음 위를 썰매를 타고 안동현으로 건너가 다시 평북도처의 소재지에 위치한 의주를 방문한 적이 있다. 아무튼 엄동설한이어서 읍내는 매우 무미건조하고 아무런 풍정도 느낄 수 없었지만 지역 주민의 초대로 어느 조선요리점에 손님으로 들어갔을 때, 기생 중 정금희鄭金嬉라 불리는 16살의 어린 기생은 대단히 아름다웠던 것으로 기억한다. 듣건대 그 고장에서 1, 2위를 다투는 기생으로 일본어는 한 마디도 몰랐으나 춤 등은 좁은 온돌에서 악사도 겨우 임시 변통한 수준이었음에도 불구하고 훌륭하였다. 하지만 가곡은 그리 흥미롭지 않았다.

그 후 지인이 기생의 가무에 대해 "덩기덕 덩덕 장구를 치며 일할 때 여럿이서 내는 소리와 같은 노래를 옆에서 큰 소리로 부르거나 가구라의 무녀와 똑같은 춤을 보고 있노라면 마치 악마에 썬 석가모니와 동석한 듯하여 마신 술이 돌연 혀끝에서 독해진다……. 예술가나 시인 같은 기인이라면 그나마 나으나 범속의 내지인들에게는 와 닿지 않네."라며 한숨을 내시면서 혹평하는 것을 들었다. 기생의 가무음곡도 십인십색으로 시시비비의 비평은 각자의 경험에 물을 수밖에 없으나 이쪽이 감수성이 부족해서야 돼지에 진주목걸이 격의 불만도 어쩔 수 없다.

조선의 한 유식자는 "서재에서 독서에 여념이 없을 때, 종종 악대 등이 거리를 지나가는데 조선 음악은 평생 접해 본 적이 없는 사람의 귀에도 자연스럽게 들어온다. 하지만 내지의 음악은 부러 관심을 가지지 않으면 그저 청신경밖에 자극하지 않으니 기묘하다."고 말했는데 이도 같은 이치이다. 하지만 적어도 눈에 비친 기생의 아름다움과 일종의 청완淸婉함은 어느 누구도 부정하지 못할 것이다. 만약 내지인에게 기생의 가무가 와 닿지 않는다면 두말할 나위도 없이 조선어 가사라는 벽에 부딪히기 때문이다.

> 천수만한 셔리밤에
> 일일야야 수심일다
> 내 마음 플쳐내여
> 수심가를 부리리라
> 슲흐다, 우리 랑군
> 어대가고 수심일다
> 한번 가고 아니오니
> 내 마음 수심일다

이는 서선지방西鮮地方의 기생이 즐겨 부르는 서도잡가인 '수심가愁心歌'의 한 구절을 직역한 것으로 어조는 좋지 않으나 읽어보면 사랑하는 이를 그리워하는 여인의 전면纏綿한 정서를 어느 정도 엿볼 수 있다. 하지만 이 가요를 '천수-, 만난소리밤에-, 에-'라고 직접적으로 귀를 통해 첫 대면해서는 정도 사랑도 마이동풍, 소심한 남자는 꾸중으로 듣고 황송해할지도 모른다.

하지만 조용한 느낌의 노래, 가야금의 미묘한 소리, 본격적인 춤에서는 가령 전부 이해하지 못할지언정 고아한 정취를 맛볼 수 있다. 하지만 술자리의 기예라고는 볼 수 없는 소란스러운 것도 있어 처음에는 참아 보지만 곧바로 뭐가 뭔지 모르겠다며 헐뜯고 싶어진다. 그러면 이심전심으로 기생도 진지한 조선가곡보다 흉내만이라도 내지의 유행가를 시작하여 재빠르게 손님의 흥을 돋우려고 한다.

> 부산에서 어두운 밤길을 달려 1시간가량이면 도착하는 순수 내지식 온천여관. 장지가 닫히고 사방침이 있는 저녁식사 식탁에 향어가 나온다.
>
> 조선에서 은어를 먹는 여행의 즐거움
>
> 일이 있어 밤이 깊을 때까지 필묵과 벗하고 있다. 뜰을 사이에 둔 방에서 이상한 악기 소리와 노래 소리가 들린다. 아마도 기생이 아닐까. 한차례 비통한 가락의 조선 노래가 끝나자 이번에는 '새장의 새'를 부르기 시작했다.
>
> 이보시오, 나는 '새장의 새'…….
>
> 기생은 '새장의 새'를 '쇠장의 새, 쇠장의 새'라 부른다. 내지인 손님이 함께 부르고 있다. 그 사이로 긴 옆얼굴이 장지에 비춘다.   -잇페이—平 전집

동래온천의 첫인상으로 더할 나위 없는 내지식 여관이라는 느낌은 매우 뜻밖인데 인식 부족을 노출한 것도 일단은 지당하나 기생의 '쇠장의 새'를 귓결에 들은 민첩함에는 한 수 졌다.

잇페이 화백의 삽화는 기생과 손님의 그림자에 새장의 새를 배합하고 있는데 그것이 앵무새로도 보인다. 기생의 내지 노래는 아쉽게도 70, 80% 정도가 비슷한 꼴이다.

근대 감각을
접하다

기생의 일본어에 급소를 찌른 잇페이 화백一平畵伯도 이윽고 본고장을 찾아 기생의
아름다움을 직접 접하고 갈고 닦은 가무를 접했을 때는 180도 주장을 바꾸어 찬미를
아끼지 않았다. 다음은 그의 평이다.

경성에 도착하였다. 경성의 돈암련豚岩連이 준비해 둔 조선요리와 기생의 춤을
보여준다며 데려 간다(주, 잇페이 씨는 이 돈암을 '예의를 모르고 태평한 인간'을
가리키는 조선의 숙어라고 다음 장에서 설명하고 있으나 아마도 무언가 착각한 듯
하다).

무대가 있고 그것과 마주보는 넓은 객석 한 쪽에 트렁크 크기의 베개가 두 개 놓
여 있고 뒤에는 금주琴柱 모양의 두꺼운 요가 세워져 있다. 이것은 도대체 무엇인
고?

"양반은 여기에 앉습니다."며 돈암의 위원장이 나에게 명한다. 즉 주객의 좌석인
셈이다. 두 개의 베개는 한숨 돌리기 위한 것이며 뒤의 요는 기대기 위한 것이다.
해수욕의 구명기를 안고 젠체하는 듯하다. 이를 만약 부르조아 기분이라고 칭한다
면 부르조아라는 것은 통조림에 들어 있는 것 같은 기분일 것이다.

승무 국립민속박물관, 『엽서속의 기생읽기』(민속원, 2009)

막이 올라가고 춤이 시작된다. 반주자는 4명의 중년남성, 여지없이 전생에서부터 인연이 깊은 긴 곰방대를 물고 악기를 연주한다.

아름다운 옷을 입은 기생이 '춘앵전'이라는 음전한 춤을 춘다. 내지의 가구라와 춤을 조합한 듯한 템포. 이어서 '사고四鼓'라 불리는 춤을 춘다. 무대 중앙에 설치한 대에 네 개의 북이 걸려 있다. 무희는 그 주변을 긴 소매를 아름답게 펄럭이면서 돌고, 때때로 소매로 북을 친다. 얇은 천의 소매가 치는 것으로만 북이 크게 울린다. 신기한 기예도 있구나 하며 감탄하고 있는 새, 곡의 템포가 빨라져 무희는 북을

승무 국립민속박물관, 『엽서속의 기생읽기』(민속원, 2009)

치는 데 소매로는 도저히 감당하기 어려워졌다. 그런데 손을 내밀더니 손에 북채를 숨기고 있다. 기생에게 방심은 금물이다. 기생의 춤도 다양한데 그 중에서 '승무'는 진리 중의 진리이다. 우선 복장이 훌륭한데 검은색 옷을 입고 주색의 긴 가사를 어깨에 건다. 흰 고깔을 쓴다. 양 손에 북채를 들고 목표인 북을 치기 위해 접근하려는 듯하면서 다가서지 않은 채 망설이며 뒷걸음치는 발놀림에 신기한 매력이 있다. 이는 승려의 사랑을 소재로 한 것으로 북은 마음에 품은 처녀를 상징한다. 이야기의 줄거리에서 모든 실감을 없애고 춤의 리듬만으로 인간의 마음속 깊은 곳에 자리잡은 한 부분을 표현하고 있다.

놀랍게도 춤의 템포는 극히 근대적인 감각과 맞닿아 있다. 서양의 예술가는 근대라는 것의 종자를 남양 외딴섬의 토우에서, 또는 사막의 악기에서 발견해낸다. 즉 엉뚱한 쪽에서 발견해내는 셈이다. 근대라는 것은 꼭 긴자의 카페나 신사이바시스지心斎橋筋의 밤 산보에 있다고 단언할 수 없다. 이러한 엉뚱한 곳의 춤에도 근대는

존재한다. 다시 현재로 돌아와 보자. 조선의 '승무'의 반주는 재즈의 가장 세련된
형태이다.   −잇페이 전집−平全集

　심오한 경지에 이른 예술가의 감수성은 보통 사람보다 발달해 있으므로 착안점도
역시 다르다. 기생의 '지기知己 있도다.'라고 뜻을 추측해도 좋을 성 싶다. 하지만 기껏
칭찬한 근대 감각을 남양의 외딴섬이나 사막에 존재하는 것과 동렬로 취급하는 것은
다소 황송하기까지 하다.

연주의
정열과 힘

명인의 마술馬術을 설명할 때 '안장 위에 사람이 안 보이고, 안장 밑에 말이 안 보인다鞍上人無く鞍下馬無し.'라고 형용하는데 신의 경지에 이르는 묘기가 아니더라도 열심히 부르고 연주하고 춤출 때는 자연스럽게 소위 무아지경에 이르게 된다. 만약 연주자가 뛰어나다면 관중, 청중을 매료시키기란 크게 어렵지 않다. 그것이 실로 예藝의 힘이다. 그러나 가령 어떤 명인의 예라도 본인이 건성건성 한다면 도저히 그것을 바랄 수 없다.

기생의 가무가 과연 자리를 가득 채운 회중을 홀릴 정도의 예술적 스케일을 자랑하는지 여부는 일괄적으로 말하기 어려우나 극히 짧은 연예演藝에서는 일말의 열정도 없다는 비난을 듣기 십상이다. 예를 들어 노래를 부르면서 손님에게 술을 따르거나 성냥을 키는 서비스를 한다. 단상에서 변사가 부채로 바람을 일으키면서 연설하는 것과 같은 경우로 이로써는 상대방을 도취시키는 힘이 빠져나가는 것도 당연하다. 다음은 오스미 에쓰大角 鉞 씨의 기생에 관한 단상이다.

…… 원래 나는 내기 같은 것에 열중하는 성격이 아닌 관계로 관심이 자연스럽게 연극이나 가곡무용과 같은 것으로 향하여 가능한 그러한 방면에서 위안을 구하고 있습니다. …… 그런 연유로 얼마 전에 허락을 받아 2주가량 만선滿鮮지방을 어슬렁

거리다 왔을 때도 특별한 용건이 없어 자연스럽게 그런 방면에서 즐거움을 찾다 왔지요. 마침 초대를 받아 '명월관'에서 기생의 춤을 보고 왔으니 이야기를 해 볼까 합니다. 본래 이전에도 이후에도 오직 한 번밖에 볼 수 없는 광경으로 관으로 엿본 듯한고 하니 부디 그리 이해하시기를……

…… 내지에서는 그러한 연회를 열 경우, 사람이 모두 모인 후에야 자리에 앉고 그 후 이윽고 예기가 등장하는 것이 일반적인 수순입니다만 조선에서는 그렇지 않습니다. 대기실에 있는 동안에 이미 기생이 나와서 그림을 그리거나 손님의 이름을 묻는 등 그렇게 다양한 방식으로 손님을 맞이합니다. 이는 매우 좋은 풍습이라 생각합니다. 물론 말은 통하지 않습니다만 내지처럼 갑자기 병풍 뒤에서 등장하는 것과 달리 처음부터 무언가 친근하여 처음인 저도 그다지 기분이 나쁘지 않았습니다.

…… 의상의 바탕색은 전부 단색으로 간단하게 바느질을 한 단순한 조선옷입니다. 춤을 출 때는 9명이 나오며 그 중 4명이 춤추고 나머지 5명은 대기하듯이 뒤에 앉아 있습니다. 악기는 피리와 북으로 남자들이 이것을 연주하는데 그것이 둘 모두 매우 지저분한 남자들입니다. 거무칙칙한 얼굴에 덥수룩하게 수염을 기르고 있어 실로 착실하게 보이지 않는 남자들입니다. "저런 지저분한 아저씨들에게 시키느니 뒤에 앉아 있는 저 어여쁜 이들에게 시키는 것이 좋지 않아!"라며 옆 좌석의 공무원에게 엉겁결에 말했더니 "자네는 무슨 그런 것을 연구하곤 하나?"라며 핀잔을 듣고 말았습니다만 어쨌든 조선에서는 아직 미의식이 발달하지 않았음을 알 수 있었습니다.

…… 그럼 춤이 어땠는지 말해보면 제 눈으로 볼 때는 이 또한 지나치게 단조롭고 실로 너저분한 것이 이루 말할 수 없었습니다. 때로는 춤추면서 기생끼리 대화를 나누기도 합니다. 호흡을 맞추는 것인가 하고 생각했는데 그렇지 않은 듯합니다.

노래 가사는 모르지만 창법도 또한 제대로 되어 있지 않습니다. 내지에서 말하는 '막간'이라는 것은 전혀 없고 그저 질질 이어질 뿐입니다. 춤이 끝나면 어디선가 '여보, 여보'라거나 뭐라 말하는 소리가 들립니다. 무슨 일이지 하고 생각하는 새 지저분한 아저씨들이 나와 피리와 북을 합주하기 시작합니다. 실망을 금할 길 없죠. 당사자들이 더욱 진지하게 노력하여 선도하는 것이 중요합니다.

…… 그리고 대련에서도 만철의 초대를 받아 중국 예기의 춤을 보았습니다. 순수한 중국 무용은 아니었습니다만 일본의 춤에 익숙한 탓인지 도통 와 닿지 않았습니다. 호궁胡弓을 이용하고 있었습니다만 이를 연주하는 것은 조선과 마찬가지로 아주 지저분한 남자입니다. 성장한 여자들이 있다면 좋을 것을 무슨 연유에서인지 이런 더러운 남자에게 맡기는 것인지 모르겠다며 또 신기하더군요. 여자들이 반주와 악기를 각각 전문적으로 공부한다면 못 할 리도 없습니다만 그것이 아직 그곳의 미흡한 점이기도 합니다. 모처럼 환대를 받고 그런 친절함을 헛되게 만들고 비난하는 짓은 특히 심히 인도에 어긋나는 것입니다만 이도 일종의 노파심으로 용서해 주시기 바랍니다.　　　　　　　　　　　　　　　　－기생의 춤 『주간 아사히』 게재

〈조선 민요〉

이보쇼, 언니, 언니네 논은　　　　　　비옥한 전답을 손에 넣고
물도 많고 비옥하죠　　　　　　　　　손에 익은 농기구를 이용해
어차피 소작농에게 빌려 줄 것이면　　밭을 갈고 씨를 뿌리고 물을 주네
도구도 잘 다루는 나에게 빌려주소　　매일 매일 즐거운 고로苦勞
밭 갈고 김 메고 씨를 뿌려 주리오　　단정한 것도 내 소유인 까닭이요
　　　　　　　×　　　　　　　　　　다른 사람에게 비난 받을 짓은 없다네
작은 소나무밭, 벼랑 아래의

8

기생의 이모저모

妓生の種々相

기생의 생활
기생과 매춘
기생의 모던화
기생과 연애
기생 기질의 해부
기생계 번영책

기생의 생활

　기생은 원칙적으로 자주 독립적인 직업이다. 옛날에는 상주좌와常主坐臥, 일거수일투족까지 관헌이 권한을 가지고 있어 거의 자유를 속박 당했었으나 시대가 변하여 해방된 이후에는 비교적 속 편한 직업으로 내지인 예기가 대부분 선불금을 잡혀 노예처럼 버는 데 비해 훨씬 인간적으로 일하고 있다.

　현재 전 조선의 조선인 예기 즉 기생은 대충 2천명인데 포주抱主는 고작해야 70군데로 나머지는 모두 독립적으로 영업한다. 내지인 예기의 수도 거의 비슷하나 포주는 200군데 이상이나 된다. 게다가 기생의 포기抱妓는 정말 제자가 많으며 선불금을 받는 포기는 적다. 그리고 교육도 자택에서 기생양성소(권번)를 다니는 것이 보통이다.

　옛날에는 '기생 중 셋집 사는 이는 한 명도 없다.'라는 말이 있을 정도로 평균적으로 여유로운 생활을 했는데 각박한 세상살이는 기생거리에도 가차 없이 찬바람을 일으켜 요즘에는 혼자 영업하고 돈을 버는 기생과는 달리, 집안의 고생까지 얽혀 상당히 궁리할 필요가 있는 듯하다.

　기생의 가정을 엿보면, 우선 어머니에 남동생과 여동생, 하녀 한 명 정도의 살림이다. 아버지와 오빠와의 동거는 숨기는 탓인지 적은 듯 보인다. 본래 유부기有夫妓라 하여 2, 3류 기생 중에는 버젓이 기둥서방을 둔 기생이 많아 양반이 이런 기생을 첩으로 삼을 때는 미리 기둥서방에게 일자리를 주어 입에 풀칠할 수 있게 한 후 전유專有했다고 하는데, 요즘은 기생집에서 긴 화로 맞은편에 솜이 두툼한 단젠丹前을 입고 거드름을 부리는 기생충 남성은 우선 거의 찾아볼 수 없다. 하지만 잠정적인 기둥서방이 눌러 붙어 있는 일은 보기 드문 광경이 아니다. 또 그것이 없어서는 기생이라는 직업은 성립되지 않는다.

여기서 잠시 기생 권번에 대해 살펴보자. 권번은 물론 각지에 있는데 경성에는 네 개의 권번(한성, 대동, 한남, 조선)이 있고 이것은 지도적 구역에 따라 정해진 것이 아니라 경성지방 출신의 기생은 한성권번, 서선지방은 대동권번, 남선방면은 한남권번과 같이 출신지로 소속을 구분하고 있다.

권번을 방문하면 대문에 '관헌××기생조합사무소'라고 큰 글씨로 적은 간판이 요란스레 걸려 있다. 관헌이라는 글자가 부인병의 영약을 연상시켜 일단 흐뭇해진다. 실내에는 거만한 태도로 백발에 긴 수염의 노인 이하 서너 명의 사무원이 있으며 별달리 일도 없는(?) 책상에 딱 달라붙은 꼴은 옛 세키쇼関所를 연상시킨다.

명함을 내밀자 멍하니 사색에 잠겨 있던 조합장이 반쯤 눈을 뜨고 긴 수염을 어루만지면서 조선어 문장을 일본어로 통역하는 군수의 말투로 천천히 설명한다. 하지만 장황하게 늘어놓는 말의 요지는 우리 조합(권번)은 조합장(기생)을 우대하며 결코 착취하지 않으며 게다가 예도장려를 위해 부단한 노력을 아끼지 않고 있다고 어디든 같으며 틀에 박힌 자화자찬을 늘어놓는다.

한 쪽 벽에는 임원의 이름이 게시되어 있다. 내지인의 권번은 포주가 설치는데, 이곳에서는 현업의 베테랑이 그 임무를 맡고 있다. 경찰과의 관계는 별개이나 권번에서는 전화 한 통으로 멀리 나가거나 휴업하는 일도 서슴지 않으며 자유행동이 허용되고 있는 듯하다. 기생의 화대는 경성의 경우 1시간당 1원 30전으로 요정에 1할 5부, 권번에 1할을 준 나머지 금액인 1원에 채 못 미치는 돈이 기생의 실수령 보수인데 권번은 그 돈으로 사무비, 제반 기예 스승의 사례금을 지불하며 또 조합원의 상호부조비에 충당한다.

화류가의 광경은 어디나 맥이 빠지는데 기생 권번도 예외 없이 연습하러 오는 젊은 기생의 출입에 섞여 노은을 받으러 오는 기생들, 어머니, 하인 등이 아이를 데리고 얼굴을 내미는 광경은 너무나도 현실적으로 어딘지 모르게 아이러니한 유머가 풍긴다.

×

그런데 기생은 과연 얼마 정도의 수입을 올리고 있을까? 라고 타인의 산증痲症으로 골머리를 썩는 오지랖 넓은 무리들도 세상에 많으나 본래 금해금이다, 인플레이션다 해서 사회의 돈 흐름이 곧바로 영향을 미치는 물장사인 만큼, 판에 박힌 듯이 흘러가지 않으나 얼마 전 경성부가 소득세 부과 기준으로 삼은 조사표에 의하면 부내에 거주하는 현업 기생은 228명이며 4개의 권번에 각각 속하여 받은 과거 1년간의 화대는 총 16만 5505원 19전으로 이것은 약 14만 8350시간에 걸쳐 크고 작은 기생들이 웃으며 교태를 부린 대금으로 기생 한 명의 평균 실수령은 약 650원이다.

한성권번	103명	72,187원 00전
조선권번	60명	47,262원 27전
대동권번	37명	17,115원 82전
한남권번	28명	8,940원 10전
합계	228명	165,505원 19전

매달 약 50원이라면 여인의 가는 팔로는 우선 평범한 직업부인 수준으로 부족하다고 말할 수 없는 벌이이다.

게다가 내지인 게이샤와 달리 마치아이에 돈을 낼 필요도 없고 의상도 일정하며 선불금도 없으므로 인내하면 행복하다고 생각하는데 의의로 한 번 이것을 개인별로 조사해 보면 얼굴이 어여쁘고 기예에 능하며 이에 더해 일본어까지 달변인 삼박자를 두루 갖춘 유행 기생은 혼자 2500원에서 3000원도 벌며, 연 수입 천 원 이상의 기생이 전체의 1할 5부를 차지한다. 따라서 레벨에 따라 훨씬 수입이 적은 기생도 잔뜩 있다.

실제로 평양 기성권번箕城券番의 예를 들어보면 소속 기생의 상반기 성적은 총 7만 2761원이며, 그 중에는 월수입이 평균 350원인 호방한 성격의 기생도 있으나 반년에 화대 5원 50전, 권번수수료가 8부로 44전, 요리점 1할 6부인 88전을 공제하면 실수입이 그야말로 4원 18전으로 달로 나누어 고작 약 65전인 기생도 10명이나 된다. 이로써는 세금 내기도 부족하다. 물론 무슨 사정이 있음에 틀림없으나 꽤 비참한 수치가 아닌가.

얼마 전 모 잡지(조선문)에 실린 직업과 월수입에 관한 기사에 의하면, 기생의 월수입은 금 30원이다. 그 때문인지 아닌지는 알 수 없으나, 요즘에는 소문에 의하면 기생에서 여급으로 이직하는 사람이 많다고 한다. 그리고 다음의 기사가 눈에 띈다.

> 평양의 기생거리는 가을의 수확이 끝나면 갑자기 호황기가 도래하는데 올해에는 불황의 여파로 11월 동안 201명의 기생의 화대가 8118원 15전으로 작년에 비해 약 630원이 감소하였다. 기생 한 명당 평균 수입은 40원이 채 안 되어, 평범한 사람보다 화려한 생활을 하는 기생은 생활의 어려움을 겪고 있다. ─大每朝鮮판

×

> 경성부 청진동 288번지의 김종숙(24) 씨는 전 한성권번 소속의 기생으로 상당히 잘 팔리는 기생이었으나 최근 카페 진출과 불황의 여파로 기생의 매출이 뚝 떨어져 과감히 자동차 운전수를 지망, 시험을 치러 당당히 합격하여 19일 경기도 보안과에서 면허증을 발부받았다. ─大每朝鮮판

하지만 기생의 화대에는 분명 꽃이 없다. 또 타인의 눈을 꺼리는 화대는 본래 권번과 관계가 없으므로 그 밖에 살아갈 만한 섬세한 탈출구는 없다. 개괄적으로 볼 때 잘 팔리는 기생 일부를 제외하면 대부분 그럴듯한 수입이 없는 셈이다. 특히 지방으로 갈수록 한층 더 가난하여 쇼와 6년(1931) 정월 1일부터 5일까지 강원도 춘천의 화류계에서 벌이들인 화대는 다음과 같다.

종별	인수	총수입	시간	1인당 수입
예기	16	626,20	509	40,13
기생	10	45,94	84	4,59
작부	6	44,52	52	7,41

때는 마침 디플레이션의 긴축 시대였으나 시골이라고 해도 도청소재지로 정월의 5일 동안 고작 4원 59전을 번 기생을 상상하면 남몰래 눈물을 짓게 된다. 요컨대 화려한 생활의 뒷면에는 또 음울한 실상이 드리워져 있어 명암이중주를 벗어나지 못하고 있는 셈이다.

기생과 매춘

당당히 위계훈등位階勳等의 지위로 국정을 처리한다. 그러한 정부의 관리일지라도 소정의 봉급 이외에 가봉加俸이나 수당, 은급 등 별도 수입의 명목이 있으며 때로는 출장 여비의 잉여금을 공공연히 사적인 경상비, 임시비로 사용하여 가정 원만의 묘책으로 삼는 세상인 만큼, 오로지 어두운 밤에 화류항花柳巷에 출몰하여 잠행적 직업에 종사하는 우리들 기생에게도 소득세가 부과되지 않는 별도의 수입이 있음은 자명한 이치이다.

혹자는 인간사회에 매춘 행위가 존재하는 것은 왕궁 내에 하수가 존재하는 것과 같다고 갈파하고 있는데 지금은 하수가 지나치게 많은 감이 없지 않다. 여하튼 매춘이 과연 그 정도로 필요한지 여부는 차치하고 기생의 별도 수입…… 가령 이른바 화대는 과연 시세가 어느 정도일까.

이것이 게이샤(내지인)라면 손님이 지명한 기녀는 우선 요정의 종업원이나 여주인 혹은 기녀의 포주를 통해 구슬려 삶는데 그 기녀가 월등한 미인이라면 손님의 주머니 사정과 눈초리로 상당히 돈을 아끼지 않고 쓰며 낙적시켜 첩으로 삼는 예도 들리곤 한다. 또 소위 기둥서방의 지위를 차지하거나 때로는 서로 사랑하는 사이도 되며 한 발 더 나아가 기녀가 이해타산을 넘어 사랑의 미로를 헤매기도 하는데 그 외의 거래관계 즉 이류는커녕 3등 기차표급의 기녀의 경우, 새삼스럽게 화대를 물으면 자신의 어리석음을 노출할 정도로 제대로 된 공정한 시세가 있어 기녀들도 그 기준에 따라 상습적으로 유혹하면 곧바로 따르는 듯한데, 기생은 그와는 다르다.

같은 화류계라도 도쿄에는 마치아이待合라 불리는 요정, 여관, 기루, 클럽, 사무소 등 응용이 자유로운 편리한 집이 있다. 또 특히 예기의 철야 작업에 편리한 작업장도 마련되어 있는데 조선에는 이러한 시설이 없다. 게다가 시골에서는 여관과 요리섬을 겸업하고 있고 온천장 등은 만사 공공연연하다. 내지인쪽의 일류 요정은 경성에서도 마치아이 수준의 기능을 가지고 있으나 조선쪽은 아직 그런 변통력이 없어 그리 닮지 않았다. 게다가 예기는 앞서 언급한 종업원인 매춘 브로커가 전적으로 손님과 기녀 사이에 개입하여 수완을 발휘하므로 많이 먹는 것 이외에는 재주가 없는 게이샤도 성업性業 전문으로 안정적으로 생활할 수 있다. '기예는 서툴러도 파리는 날리지 않는다……'라는 말이 있는 것도 그런 까닭이다. 또 그것을 고려하여, 속곡 한 곡 제대로 부르지 못하는 여인이 높은 세금을 무는 감찰(허가증)을 받고 포주는 거액의 선불금을 받는다. 그런데 행인지 불행인지 기생업에는 요정에 종업원이 없다.

그래서 기생은 손님에게 소매를 잡히면 직접 절충해야 하는 귀찮음이 있으며 중개인이 있어도 약간의 뇌물로 거짓말투성이의 중매쟁이 같은 말을 늘어놓는 믿을 수 없는 무리여서 의지가 되지 않는다. 또한 후술하듯이 관습상 거래가 현금직불식이 아닌 관계로 자연스럽게 상대방에게 위구심을 품고 소극적이 된다.

요컨대 손님을 따를 것인지 여부는 기생 자신의 권능에 달려 있으므로 꽃을 꺾기 위한 비결은 기생이 자신을 믿도록 만드는 것으로 조선인 친구라도 있어 협상해 준다면 의외로 쉽게 결착이 난다. 하지만 순서를 밟지 않으면 아무리 마음에 들어도 그림의 떡이요 골짜기의 백합이니 미색을 멀리서 감상할 뿐이다. 하지만 요즘에는 주머니가 두둑한 내지인 여행객을 쫓아 ×× 호텔이나 ○○ 여관으로 발걸음을 옮기는 기생도 보인다는 풍문이 있으니 결국 이 길은 물이 흐르다 보면 자연스럽게 도랑이 생기는 이치와 같다.

그런데 누가 뭐라 해도 돈의 세상이니 '사도佐渡에서 캔 황금이 최고의 미약이라는 말처럼, 황금의 매력은 동서고금, 내지와 조선의 구별이 없다. 대원군 집정 시절에는 기생의 화대를 120량으로 표준을 삼았다고 전술한 바 있는데 금 120량은 지금으로 따지면 거액이므로 기생 한 명에게는 지나치게 비싸다며 속지 않기 위해 주의하는 사람도 있겠지만, 본래 이것은 하룻밤 계약을 맺는 보수가 아니라 그녀를 내 것으로 삼는 출비, 이른바 독점료이며 전세를 내는 가격이다. 원래 기생은 기첩이라는 높고도 먼 이상 아래 손님에게 옷고름을 맡기므로 하룻밤을 단위로 하는 물불 가리지 않는 게이샤의 하룻밤 처하고는 다르다.

　　하지만 지금은 그런 거창한 말들을 늘어놓아서는 거래가 성립되지 않으므로 통례는 손님과 기생의 관계에서 더 깊어져 애인이 되었을 때, 금 20원과 비단 한 필을 선물하는 것이 관례인데 정이 깊어지면 남자가 주는 생활비가 직접 기생의 가계를 보조하고 장신구도 되며 특히 조선인은 장작, 쌀가마니를 현품으로 보내기 때문에 기생이 정해진 스폰서를 가지게 되면 우선 장작이 문 앞에 쌓이며 내방에는 장롱, 경대 등이 쭉 늘어서므로 타인의 눈에도 스폰서가 생겼음을 알 수 있다. 하지만 스폰서가 있어도 쉽게 기적에서 벗어나지 않고 당분간은 소위 기첩으로 생활하며 만일 생활비가 끊기면 다시 기생업에 진력하는 주도면밀함도 있는 듯하다.

　　또 스폰서가 아니더라도 한 번 관계를 맺고 기생의 집에서 놀 수도 있고 실제 내는 비용은 술값이어서 쉽게 놀러 갈 수 있는 듯하다. 아래에서 한, 두 개의 실례를 들어보자.

　　저도 기생을 상대로 꽤 놀아 보았지만 기생집에서 머문 것은 고작 2번뿐입니다. 처음 관계를 맺었을 때는 다음날 아침 기생이 얼굴을 씻는 사이 경대 서랍에 돈 ××원을 몰래 넣어 돌아왔으며 다음에는 나중에 하인을 통해 비단 한 필을 들려 보냈습니다. 보통보다 적어 가여웠습니다만 당시 저도 주머니 사정이 좋지 않아서 정도로 허락을 얻을 수밖에 없었죠⋯⋯.

이는 임□□ 군의 이야기인데 전후의 경위를 추측할 수 있다. 직접 금품을 주고받지 않는 점이 흥미롭다. 또 김×× 군의 고백을 하나 기재하는데 물론 이는 이례적인 사례이다.

귀군이 알고 있는 기생을 최근 본 적이 있는데요…… 듣건대 동소문 쪽에 있는 듯 합니다만? 저와는 완전히 인연이 끊겨 버렸습니다. 10년 이상이나 단골이었는데요…… 특별한 이유도 없는데요, 작년 저는 평양에서 딱 3개월 체류한 적이 있습니다. 몸 상태도 영 시원치 않고 하숙은 자유롭지 못해 한 달에 40원을 주기로 약속하고 어느 기생의 집에서 하숙하였습니다. 당시 그 기생이 '어떤 손님이 돌봐 주겠다고 말하는데 그에 대해 꼭 상의하고 싶으니 경성에 돌아와 주십시오.'라는 내용의 편지를 두세 번 보냈는데 상황이 좋지 않아 하루하루 미루었습니다. 이윽고 사촌남동생을 제 하숙집에 보냈습니다. 물론 기생집에 머물고 있는 것은 비밀이어서 사촌남동생에게도 사정을 알아듣게 설명했습니다만 집으로 돌아가 그것을 말해 버린 듯, 얼마 후 소식도 없이 집을 옮겨 버렸습니다. 아무래도 그 남자의 첩이 되어 버린 듯합니다.

'가재도구 포함 방 있음. 가족처럼 돌봐 드립니다.'는 초보 하숙집의 문구가 아니나 한 달에 40원으로 기생이 포함된 하숙이라면 실로 저렴하지 않은가. 적어도 관기의 피를 이어받은 천하의 기생이 화려한 도시인 평양에서 무슨 추태인가, 푼돈을 받는 역참의 여종업원이나 벽촌의 갈보도 아닐진데. 생각하니 절로 눈물이…… 라고 뒤에서 용을 쓴다 해도 본인이 알아서 덤핑하는 것이니 불평도 할 수 없다. 앞 페이지에서 언급한 달로 나누면 목욕비도 벌지 못하는 기생들이 대부분 이런 방면에서 입에 풀칠을 하는 게 아닐까? 단, 이를 아는 자는 이 세계를 속속들이 알고 있는 사람에 국한되며 보통 내지인 에로 헌터에게는 도저히 욕심을 부릴 만 한 게 아니다.

갈보집을 묘사한 장면의 그림 〈단단히 좋소〉
김용의 역, 『조선만화』, 전남대학교출판부, 2012

어쨌든 이러한 풍습에 따라 기생은 손님을 찾고 몸을 허락한다. 신용 대출이므로 모험행위의 목표가 자칫 틀렸다간 결국 고생만 하고 손해를 입게 된다. 하지만 이러한 손해가 과연 어느 정도 적자로 이어지는지 여부는 혈기왕성한 그녀들의 내분비의 양에 따라 결정된다고도 한다. 이런 까닭에 다음과 같은 옛날이야기가 전해진다.

〈나그네에게 속은 기생 이야기〉
영남의 윤기문통이 여행지의 한 객사에서 머물렀을 때의 일이다. 여장을 풀고 쉬면서 별 생각 없이 창밖을 보고 있자니 흰옷 차림의 아름다운 기생이 지나가고 있었다. 옆 사람에게 묻자 그녀는 마침 어머니를 여의고 상중이라고 대답한다. 그는 타고난 호색 때문인지 계속해서 구미가 당기는 것을 느꼈으나 주머니 사정은 공교롭게도 야심에 반하여 굉장히 궁색하였다.

어떤 묘책이 없는가 하고 한동안 궁리한 후, 하인에게 명하여 종이 한 바구니를 사와 그것을 옷장에 끼우고 일부러 사람 눈에 잘 보이는 창가에 두고 문을 닫고 기생이 다시 문 앞으로 돌아오기를 이제나저제나 하고 기다리고 있었다.

그의 꿍꿍이속 따위 꿈에도 모른 채 앞의 기생은 문 앞을 지나가면서 종이를 곁눈질하였다. 그것을 보고 걸렸다고 느낀 윤은 방 안에서 하인을 상대로 "지금이야말로 무언가 진귀한 기념품을 샀으면 하는데 도통 마음에 드는 물건이 없고 가까스로 종이를 한 바구니 샀더니 이제는 중간에 말이 피곤하여 움직이지 않으니 이것 말문이 막히네."라고 큰 목소리로 말을 걸었다. 그러자 주인의 뜻을 간파한 하인도 "오늘 종이도 좋은데요, 어차피 서방님은 무엇을 사든 가는 곳마다 여인들에게 철없이 줘 버리니 물건을 사봤자 결국 모두 헛수고입니다……"고 가볍게 맞장구쳤다.

이 사기로 가득 찬 문답을 들은 기생은 직접 말을 고르며 윤에게 다가와 종이 한 바구니를 갖고 싶어서 넌지시 모션을 취한다.

무산지몽, 눈이 뜨이고 다음 날 아침이 되자 남자는 만족하여 싱글벙글하고 있었으나 기생은 상대가 종이 한 바구니는커녕, 실제로 노자도 변변히 없음을 알고 당황하여 어찌할 바를 모르며 속으로 자신의 경솔함을 부끄러워하며 몰래 객사를 떠났다.
　　　　　　　　　　　　　　　　　　　　　　　　　　　　　　　－오백년기담

〈기생을 데리고 룸펜 흥청거리다〉

부내 관훈동 3번지의 강민식(27) 외 세 명의 룸펜은 21일 오후 6시경부터 기생 3명을 동반하여 부외 왕십리의 안정사로 놀러가 십 수원치나 놀고먹은 후 계산을 청구받자 황금정 4정목 라이온 택시의 자동차 두 대에 나눠 타고 도주, 부내 각소를 돌고 나서 결국, 오후 11시경이 되어 이번에는 숭인면 정릉리 천왕사 내의 음식점 김창원 쪽에 나타나 17원 50전의 술과 음식을 먹고 한 푼도 내지 않아 결국 동대문서의 신세를 지고 있는데 자동차 운임만 해도 32원에 달한다고 한다.

-경일京日

지금도 세상에는 알려진 바가 없지만, 이러한 예는 결코 전무하다고 말할 수 없다. 손님을 집에서 대접하여 돌려보낸 후 모든 곳을 찾아보아도 뭐 하나 남겨두지 않았다면 그야말로 울며 겨자 먹기로 참을 수밖에 없다. 하지만 내지인 상대라면 자연스럽게 마음가짐도 사리 명백해지므로 서로 천박한 오해가 나올 여지가 없다. 다음은 위와 반대로 음덕을 베풀어 보답을 받은 이야기이다.

〈이홍옥 출세 미담〉

유 모는 50살이 넘은 후에야 드디어 과거에 급제한 대기만성형 인물로 훗날 승승장구하여 결국 정승으로 등용되었으나 재야에 있을 무렵, 매우 가난한 양반으로 혼기가 꽉 찬 딸을 시집도 보내지 못하고 혼례비조차 지장을 받을 정도였다.

그래서 갖은 고생 끝에 조그마한 인연에 기대어 어느 부사에게 긴박한 원조를 청하고자 짐말 한 마리를 빌려 타고 멀리 청을 찾아 명함을 내밀자, 뜻밖에도 지인은 이미 경성으로 전임하여 지금은 국경 방면에 파견되었다는 말을 들었다.

마지막 희망의 끈이 끊긴 유 모는 실망낙담하여 그저 망연히 생각에 잠겨 있었다. 그런데 그 모습을 옆에서 쭉 지켜보던 한 기생이 무슨 생각인지 유 곁으로 다가와 정중하게 말을 걸었다. 허를 찔려 한순간 허둥대던 유는 눈을 크게 뜨고 기생을 살폈으나 도통 낯설었다.

"자네는 처음 본 것 같은데 혹시 사람을 잘못 본 것이 아니냐?"

"네, 처음 만났습니다만 양반님께 인사를 드리는 것은 기생의 예의범절이니 친하고 안 친하고는 상관이 없습니다. 부디 이상타 생각지 마십시오.”

믿음직한 여인의 행동에 한 마디 두 마디 하는 새, 기생은 이홍옥이라고 이름을 말했다.

그리고 “실은 무례한 질문이옵니다만 아까부터 선비님의 모습을 보니 전 부사께 무언가 청이 있는 듯 한 것 같습니다만……”라고 정중하게 물었다.

“아니 친절하게 물어주니 고맙네 그려. 실은 자네가 생각한 대로일세……”라고 상대방의 성의에 이끌려 유는 현재 곤경에 처한 신상을 간략하게 털어놓았다.

홍옥은 차분하게 이야기를 듣고 있었는데 얼마나 딱한 생각이 들었는지 조카인 청동을 불러 유의 말을 끌게 하고 자신의 집으로 함께 돌아온 후 여러 가지 진수성 찬을 차려 대접하고 잠자리를 제공하여 특별히 융숭한 대접을 아끼지 않았다. 그리 고 날이 밝아 유가 떠날 때 홍옥은 100금을 싸고 윤 앞에 내밀며 “정말 실례되는 짓이옵니다만 부디 이것을 따님의 혼례 비용에 보태 주십시오.”라고 말했다. 이를 들은 유는 의심스러운 얼굴로 홍옥을 향해 “이보게나, 기녀를 가질 수 있는 사람은 세 종류가 있다네. 집이 부자여서 재물이 많은 사람, 나이가 젊고 미남인 남자, 고 위에 있어 세상에 잘 알려진 사람일세. 대체로 이를 제외하고 기생의 마음을 끌 수 있는 자는 없다네. 그런데 나는 이 셋 중 무엇 하나도 없는 남자일세. 그리고 자네 는 기생 중에서도 뛰어난 미인인데 왜 나 같은 가난한 늙은이에게 친절하게 대해 주는지 도저히 납득이 가지 않는다네……”라고 물었다.

“실례합니다만 기생이 상대를 고를 때도 각자 생각이 있습니다. 소첩은 그저 제 마음이 이끄는 대로 했을 뿐으로 특별한 이유가 없사옵니다.”

홍옥은 연유를 설명하고 기념으로 시를 한 수 써 달라고 부탁하였다. 이에 유는 그 자리에서 붓을 들어 홍옥의 능라 치마에 ‘청동방자도등야, 홍옥가인권주시靑銅房 子挑燈夜, 紅玉佳人勸酒時’라는 시를 써 내려갔다.

유는 실컷 신세를 지고는, 돈까지 받아서는 정말로 마음이 괴롭다며 몇 번이나 사양했으나 얼마간 급박한 상황이어서 결국 잠간 빌린다며 돈을 받아들고 이별을 고한 다음 집으로 돌아와 재빨리 딸의 혼례식을 치렀다.

×

그로부터 2년 후, 유는 우수한 성적으로 과거에 급제하였고 1년 후에 홍옥이 사는 고을의 부사로 임명되었다.

전과 달리 당당한 모습으로 말 위에서 여유롭게 부임한 유 부사는 중간에 마중을 나온 관민의 행렬 앞을 여유롭게 지나가는 도중, 기생 무리에서 이홍옥의 얼굴을 발견하고 재빨리 말에서 내려 체면도 벗어던지고 옛 정을 나누었다.

취임하고 한 달 정도 지났을 무렵, 유는 가까운 읍의 관리들을 초대하여 성대한 연회를 치렀는데 석상에서 일동을 향해 '오늘 작은 연회는 단순히 나의 신임 축하만이 목적이 아니라 한 사람에게 은혜를 보답고자 하는 경의도 포함되어 있다.'고 말하고 정중하게 과거 이홍옥이 베풀어준 큰 친절을 소개하고 그녀에게 1000금을 선물하고 고마움을 표하였다. 그것을 들은 좌중은 모두 홍옥의 마음씨를 칭찬하며 각자 많은 선물을 하니 홍옥은 크게 체면을 세웠다.

연회가 끝나자 유는 홍옥을 가까이 불러 "자네는 이대로 기적에 계속 머물 생각인가, 아니면 내 첩이 되겠는가, 아니면 다른 소원이 있다면 사양치 말고 말해보게. 내 힘닿는 대로 들어줌세."라고 물었다.

"네, 과분한 말씀을 해 주셔서 고맙습니다. 그럼 친절함에 사양치 않고……"라며 홍옥은 기생으로 살고 싶지 않으며 첩이 되어 영화를 누릴 생각도 없으며 빨리 고향으로 돌아가 농부인 남편과 함께 살고 싶다고 청하니 부사도 그 진심 어린 청에 탄복하여 남편을 불러 경작지와 집을 주고 후세를 안락하게 보낼 수 있도록 편의를 봐 주었다.

기생의 모던화

새삼스럽게 말할 필요도 없이 예기의 본령은 가무음곡이다. 따라서 기예가 미숙한 자는 기녀로서의 상품 가치가 떨어진다. 게다가 성업부적 가치는 육체적인 성적 기교로 결정되는 것이 당연할 터이다. 그런데 세상은 신기하게도 이러한 내적 가치보다 우선 얼굴용모로 여인의 가치를 매긴다. 많은 여성들이 아름다운 용모로 이성을 매혹시키는 것은 밤거리 노점의 향수나 가짜 술집의 양주와 마찬가지로, 꼬리표가 위력을 발휘하는 것이 통례이다.

그리하여 ××를 최우선으로 하는 섹스 헌터도 기예를 원하는 멋쟁이 손님도 아름다운 장미에는 가시가 있다는 케케묵은 잠꼬대는 신경도 쓰지 않고 그저 얼굴만 그럴듯한 인형을 환영한다. 따라서 유행기생이라 하면 대체로 미모의 소유자이다.

> 사랑의 기생 등이 켜진 거리를 지나가네
> 눈썹은 초승달 버드나무 허리
> 치마를 걷어 올리고 멋지게 차려 입었네
> 페이브먼트를 팔자걸음.

기생의 외출 1930년대 양장의 영향을 받아 저고리는 길어지고 고름 대신 단추나 브로치를 달게 된다. 진동과 수구, 깃 등이 넓어지고 치마도 통치마를 입어 실용적인 측면을 강조하고 있다. 기생의 가장 중요한 소품인 양산을 들고 외출하는 기생의 모습이다(국립민속박물관, 『엽서 속의 기생읽기』, 민속원, 2009).

기생
스카프, 시계, 숄, 양산 등 신문물을 받아들여 한복과 조화를 이룬 패션리더로서 기생의 단면을 보여준다(국립민속박물관, 『엽서 속의 기생읽기』, 민속원, 2009).

안장걸음에 구부린 자세로 종종 걸음 치는 전세기형의 내지 여인들과 비교해 몸을 약간 뒤로 젖히고 늘씬하게 발을 밖으로 내밀며 팔자걸음으로 걸어가는 기생의 모습은 단연 스마트하다. 게다가 용모도 예전에는 머리털이 난 가장자리를 일자로 정리한 이마, 편평한 코에 통통한 뺨, 가운데로 나눈 머리모양에 남오미자의 역한 냄새가 나는 기름을 바르고 손발이 작고 허리가 가는 것이 표준으로 내지의 미인과 다소 달랐던

기생 김농주 국립민속박물관, 『엽서속의 기생읽기』(민속원, 2009)

기생 기생들 중에는 신문물을 받아들여 한복과 조화롭게 차려입은 기생이 많았다. 왼쪽 가르마, 머리핀, 스카프, 시계 등은 신여성의 표현이기도 하다(국립민속박물관, 『엽서속의 기생읽기』, 민속원, 2009).

것이 최근에는 180도 바뀌어 조선 사람보다 오히려 내지인의 취향에 맞춘 화장이 많아졌다.

이는 두말할 필요도 없이 그야말로 손님의 취향을 중시해 간다는 증거로 내지의 화류계에도 속속 모던의 바람이 유입되고 있다.

기생 이금화
조선권번 기생 이금화의 사진으로 왼쪽 가르마를 하고, 일본식 화
장을 하고 있는 모습이다(국립민속박물관, 『엽서속의 기생읽기』,
민속원, 2009).

화류계 신 풍경

'마르크스가 유곽에 다니기 시작했다.'고 탕아들이 비꼬듯이 최근 화류계의 정세는
유물론적 변증론이 설파하는 정반합의 원칙에 따라 그 대척적 존재인 카페와 댄스홀
같은 기구를 도입하여 새로운 화류계 정서를 만들어내고 있다.

최근 오사카의 시마노우치島之內서에서 예기 허가를 받은 전 댄서를 난치南地 야마토
야大和屋와 구로에몬초九郎右衛門町 濱繁屋에서 각각 10명씩 데리고 있다. 그리고 15일에

는 야마토야에서 6명의 댄서가 일제히 개업 '인사'를 하였다. 요란한 양장을 하고 남자 하인과 함께 마치아이待合를 방문하는 색다른 풍속이야말로 구경거리이다. 그리고 그녀들은 샤미센 상자 대신 휴대용 축음기와 몇 장의 음반을 휴대하여 '꽃'을 팔러 나간다.

×

그리고 화류계에서는 그러한 '댄스 예기'에게 일자리를 제공하기 위해 합법적인 명의로 객실의 일부를 개조하고 있는 곳도 적지 않다. 15일에 개업한 미나미구 가사야초南区笠屋町의 '미나미클럽'도 야마토야가 경영하는 곳으로 여관으로 허가를 받았으나 그 이름이 알려주듯이 사교클럽의 특징을 교묘히 도입하여 장래의 유흥장으로서의 동향을 보여주고 있다.

'댄스 예기'를 거느린 동기에 대해 업자는 "댄서는 예기처럼 선불을 조건으로 하지 않으므로 약간의 자본으로 많은 기녀를 거느릴 수 있으며 게다가 기존의 예기보다 훨씬 많은 화대를 벌기 때문에 채산성이 좋습니다."고 말한다. 또 수익이 많은 또 다른 유곽인 도비타飛田, 마쓰시마松島, 신마치新町의 일부에서는 그 설비를 점차 카페식으로 개조하여 인텔리 계층의 취향에 맞추고 있다. 한편 카페에서는 '유곽 서비스' '화류계 정서' 등의 슬로건을 내걸고 기존 화류계의 분위기를 도입하려 하고 있다.

×

댄스홀에서는 화류계가 오랜 세월에 걸친 잠재력과 풍부한 재력을 바탕으로 단골들을 빼가고 있는 현실을 묵시해서는 안 된다고 하며, 가까운 시일 내에 동업자를 규합하여 대책을 강구할 듯하다. 또 오사카에서는 댄스홀 해금의 날이 가까웠다는 허위 정보가 여전히 퍼져 있어 그 때문에 오사카 시내에 기반을 정비해 둘 필요가 있으므로 잠행적 댄스파티를 만들려는 기운이 의외로 농후하다.

✕

이처럼 화류계, 카페, 댄스홀 등 대립하는 세 가지 유흥기관이 서로 전향하면서 신시대 '꽃'을 양성하고 있다.(오사카마이니치)

기생의 거리 진출이라고 할 수 있는 요리점, 권번, 화대의 영업 체계는 모두 내지 화류계를 모방한 것이므로 내지 쪽의 대세를 보고 손만 놓고 있을 수 없다며 조선요리점도 점차적으로 근대건축으로 바꾸고 연회용 큰 방에 스테이지를 설치하고 있다. 기생도 외모만 근대화하고 기예가 보수적이어서는 시대에 뒤떨어지기라도 하는 양, 풍류운사風流韻事 같은 귀찮은 것보다 단숨에 맨발로 스텝을 밟고자 새로운 길로 돌진하는 자도 적지 않다.

✕

기나긴 인습의 틀을 깨고 신시대의 움을 틔우며 하루하루 모더니즘을 가미해 가는 평양 기생, 걸의 양성소는 가까운 장래에 조선의 다카라즈카宝塚를 세우겠다는 의욕에 차서 20일부터 3일간 금천대좌金千代座에서 상연하는 빈민구제의연금 모집을 위한 연기대회를 계기로 신진 무용가를 초대하였으며 출연하는 40명의 여배우는 맹연습을 이어가고 있다. 지금까지 가요뿐이었던 아리랑. 남경정의 노래로 기생이 가진 클래식에 근대적인 멋을 조합한 무용을 창안하는 등 기생가극단의 창립을 위한 첫걸음을 힘차게 내딛고 전 조선 기생계의 선풍을 일으켜 동쪽의 다카라즈카소녀, 서쪽의 평양기생이라 불릴 가까운 날을 자신하고 있다.(오사카마이니치)

✕

평양 기생학교 국립민속박물관, 『엽서속의 기생읽기』(민속원, 2009).

    조선에서 기생이 댄스를 시작한 것은 쇼와 3년(1928)의 시정 28주년기념박람회 무렵으로 한 때 경성에서도 맹연습을 했다.

    경성부내에 부동浮動하는 기생 층은 한성, 조선 등의 권번을 통하며 수는 얼추 350명 정도가 있으며 단색의 옷을 입고 댕기머리[1] 전통은 여전히 농후하게 남아 있지만 그녀들은 근대 색으로 완전히 화장하고 있다. 그래서 화려한 재즈 소리에 맞춰 구두 끝도 가볍게 원 스텝one step을 밟으면 왈츠, 탱고, 찰스턴도 추고자 댄스홀을 드나들고 있는데, 어쨌든 좌흥은 심오한 경지에 이르고 있는 듯하다. 그리고 도시와 시골 모

---

  1) 이는 오류로 어엿한 기생 중 댕기머리를 한 기생은 절대로 없다. 다음 페이지 참고.

평양 기생학교 국립민속박물관, 『엽서속의 기생읽기』(민속원, 2009).

두 노도怒濤와 같이 넘치는 소창의 홍수 속에 있으며 즉시 이를 소화하여 자신의 것으로 만들어 버린다.

"소창은 역시 사이조 선생의 작품이 최고야……"

"그렇긴 하죠……"라며 쉽게 항복할 수밖에 없는 자들도 본래 많다. 그래서 그녀들은 달콤하고 슬픈 사카린과 같은 사이조 야소西條 八十가 작곡한 소창을 즐겨 흥얼거린다.

사랑의 도쿄, 간선도로   오른쪽이 1호, 왼쪽이 1호

만나고 헤어지는 교차로   지나가는 저 기녀도 또 2호

평양 기생학교 국립민속박물관, 『엽서속의 기생읽기』(민속원, 2009).

　대체 이 가사의 무엇이 그녀들을 끌어당기는 것일까. 메커니즘, 울트라, 첨단, 에로, 쿠로, 난, 근대의 사회기구가 만들어낸 일체의 새로운 것은 모두 이러한 향기롭고 맛이 좋은 새로운 술로, 그녀들은 새로운 가죽 부대에 담고 있는 것이다. 그렇다, 예수 그리스도가 천명한 "새로운 술은 낡은 가죽 부대에 담지 마라."를 실천궁행하고 있는 셈이다. 물론 일본어가 능숙한 기생은 약 50명 정도이다. 대체로 보통학교, 게 중에는 여학교 문턱을 넘은 기생도 있는 만큼 학력은 상당하며 어쨌든 총명하다.

　기생은 짐짓 점잖을 빼는 왕년의 관기의 풍격을 지니고 있으나 지금은 구름 위에서 내려와 대중 속에서, 현대에 살고 있다. 대중적인 언어가 vulgarism의 말로 치환되었다고 한들 그것은 누구의 죄도 아니다. 그러므로 기생 권번에서도 각 백 명 내외의 기

평양 기생학교 국립민속박물관, 『엽서속의 기생읽기』(민속원, 2009).

생 견습생을 선각 지도 아래 양성하고 있는데 시, 가야금, 양금, 기타 등등 기생으로서
갖춰야 하는 전반적인 기예를 배우기 전에 미모가 출중하고 약삭빠른 작은 새들은 속
속 자발적으로 둥지를 떠나고 만다. 2년, 3년간의 번거롭고 귀찮은 교습을 필요로 하
지 않는다. …(중략)… 한성권번의 이화선의 기염을 들어보자…….

　요즘 손님들은 무엇이든 조급하여 끝을 빨리 보려 하지요. 종종 결혼이야기를 꺼
내는 손님도 있습니다만 그것은 그들의 사정이고 우리들은 장사꾼이죠. 장사로 먹
고 사는 인간이니 오해도 사기 쉽고 파국에 우는 사람도 많습니다. 그래서 인간으
로서, 여자로서 우리들을 이해해 주시기를 간곡히 설득하죠.

어린기생 장구와 북, 박 등의 악기를 배경으로 찍은 사진으로, 몸집이 작고 앳된 얼굴로 보아 어린 기생으로 보인다(국립민속박물관, 『엽서속의 기생읽기』, 민속원, 2009).

복장은 비록 전통의 오래된 옷일지언정 그녀들의 심장은 신시대의 피스톤과 함께 고동치고 있다. (하략)… (오사카마이니치 조선판)

다른 페이지에 삽입해야 할 터이지만 기생의 댕기머리에 관한 이야기가 등장한 김에 여기서 한 마디 한다면, 조선에서는 남녀의 변발은 미혼을 상징하고 결발은 기혼을 상징한다. 따라서 댕기머리는 처녀의 상징으로 견습 기생을 의미한다. 이와 관련하여 다음과 같은 기사가 있다.

기생탄금 2대의 거문고와 5명의 기생이 포즈를 취한 사진으로, 돗자리 앞에 놓인 신이 이채롭다(국립민속박물관, 『엽서속의 기생읽기』, 민속원, 2009).

〈기생 머리올리기〉

속설에 머리올리기라는 것이 있는데 그것이 어떤 행위를 하는 것인지는 경험해 본 적이 없어서 뭐라 단언하기 어려우나 조선의 화류계에도 그와 일맥상통하는 행위가 있는데 이것이 바로 결발結髮이다. 즉 동기童伎로, 기생 견습생으로 가무음곡을 배우는 중으로 서로 사랑하는 사이가 된 정부가 생기면 그 사람이 결발 주인이 되어 비녀를 구입하여 주면 동기는 곧바로 댕기머리를 올려 결발하여 어엿한 기생이 되며 정부가 돈이라도 있으면 독립하거나 낙적하여 둘이서 생활하는데 한 명의 정부만으로는 기생 쪽이 돈벌이가 되지 않으므로 많은 정부를 만들 수 있는데 일단 결발한 이상 결발한 머리를 풀어내려 댕기머리를 하는 무자비한 짓은 조선에서는

평양 기생학교 회엽서
국립민속박물관, 『엽서속의 기생읽기』(민속원, 2009).

불가능하며 일단 결발하면 즉시 기생 견습생 자격은 없어져 처녀의 자긍심은 물거품이 되므로 내지의 머리올리기처럼 신참을 다른 이로 바꿔치기하여 사람을 속이고 방탕한 노인네의 쉽게 번 돈을 우려먹는 것과는 다소 다르다. 이렇게 표면적인 해설은 짐짓 진지한 듯하나, 조선쪽에도 맹점이 있다. 즉 머리를 올려주는 남자가 몇 명이 있듯이 갖가지 속임수를 동원하는 일만은 어느 화류계나 변함이 없을 터이니 댕기머리의 기생견습생, 동기라고 해서 결코 믿을 만한 처녀라고는 누구도 보증할 수 없다.

－『조선만필』경일 게재

그리고 기생이 자기완성을 위해 노력하는 모습은 매우 열렬한데 과거 아래와 같은 기사를 본 적도 있다.

〈기생학교〉

기차가 달리고 자동차가 나는 내선화합의 시대가 움직인다……. 어제까지만 해도 막걸리를 떠서 취객에게 아리랑도 슬프게 여운을 남기며 술자리에서 시중을 들던 기생도 지금은 일본어 한두 마디 정도 모르면 자리에 낄 수 없는 시대가 되었다.

이 시대의 요구에 각성하여 일본어를 배워 서로의 화대를 늘리기 위해 홍군紅裙 생활의 공영을 목표로 탄생한 것이 남선南鮮의 명읍 동래 기생권번의 화명학원으로 간사가 당시 평양에서 기생학교를 창설하는 데 고생한 경험의 소유자인 야마시타山下 동래군수라는 점도 흥미롭다.

차분한 분위기가 나라와 비슷한 동래 읍내에 위치한 화명학원을 방문해 보니 좁은 온돌방에 30여명의 자군紫裙 백의를 입은 크고 작은 미인들이 앉아 칠판에 쓰인 가타가나를 읽고 있던 중으로 하마구치 선생이 '지, 치'의 발음을 열심히 가르치고 있었다.

이도 직업을 사랑하는 마음의 발로라고는 하나, 아직 앳된 17, 8살의 기생들이 볼트의 가타가나를 한 번 읽고 사용하면서 얼굴이 상기될 때까지 열심히 배우는 모습은 기특하다. 노트 한 권, 연필 한 자루에 심상과尋常科(지금의 초등학교에 해당함) 1학년용 일본어 독본 한 권을 소중히 보자기에 싸서 묶고 쓰고 있다.

예전 동래고등보교에서 교편을 잡았다는 하마구치 선생은 모두 열심히 공부하는 덕분에 학습 진도가 실로 빠르다. 제일 어린 나이가 12살로, 25살 전후까지 다니며 하루 한 시간 반 정도를 한도로 가르치고 있으며 이대로 간다면 6개월 내에 일본어 회화가 가능하다고 말한다. 스무 살 정도의 세 미인이 심상과 6학년용 일본어 독본을 배우고 있는데 이는 특별한 경우로 보통학교를 졸업한 학력이 있기 때문이라고 한다. 하마구치 선생도 굉장히 의욕에 차 있어 미래에는 꼭 읽기만이 아니라 수학과 습자까지 가르치고 싶다고 말했다.

　동래의 기생권번은 내지인이 조직하는 권번과 달리 기생 자생적인 공동조직인 관계로 위 학원의 경영도 기생 각자가 부담지출하고 있다.

-오사카마이니치

기생과 연애

옛 교카狂歌에는 '예기의 사랑은 진실한 사랑이 아니니, 돈 갖고 오라고 말하는 사랑이라' 라는 구절이 있다. 기녀가 손님에게 반했다간 그 기능을 85% 정도 잃어버리며 수완이 좋다고 평해지는 기녀도 곧바로 실력이 녹슬기 때문에 이 사회에서는 연애는 절대로 금물이다……. 연애의 테크닉이 월등히 좋다 해도 진정한 연애는 엄격히 금지되어 있는 것이 화류계 통칙의 모토이다.

그럼 '기생도 연애를 하는가?'라고 질문을 받는다면 그 분야의 소식통은 "기생도 사랑을 하냐고? 농담하지 마라. 먼 옛날에는 어땠는지 모르겠지만 기생은 오로지 돈만 버는 직업이지. 남자 따위에게 결코 반하지 않아. 연애라는 야심을 품는 것조차 우둔한 짓이지……."라고 대답할 것이다.

하지만 연지와 분으로 몸을 치장하는 예기, 유녀는 금전으로 손님의 기분을 맞춘다고 하나 '기녀도 역시 사람의 자식인지라 반하니 두 가지는……'라고 고야다카오紺屋高尾[1]의 구절도 있듯이, 정부는 기녀에게는 근심을 털어내는 마음의 의지가 되니 사랑하는 남자를 위해서라면 몸의 가죽이라도 벗기는 고생을 서슴지 않은 예도 무수히 많다. 하물며 기생에게 진실이 없을 리가 없다.

---

1) 고전 라쿠고 중 하나.

어느 나라, 어느 마을이든 사랑이 없겠냐만 사랑은 인생의 파라다이스이다. 하지만 그것이 원만히 백년지계로 이어진다면 실로 행복할 것이나 대부분은 비극으로 끝나니 슬프고도 애달프다. 여기에 쓰는 한 편의 러브스토리도 마찬가지로 그 예에서 벗어나지 않는다. 함흥 서쪽을 흐르는 거류성 강변, 시가지 끝 남쪽 제방 가까이에 작은 사당이 있다. 영기 만향절효의 문이라 불리는 외부는 주색을 발라 한 눈에 알아볼 수 있지만, 내부는 어두침침하여 박지가 날고 거미가 거미줄을 치고 있다. 사당 안은 장식도 없다. 삼면의 벽에는 몇 장의 액자가 걸려 있다. 편액을 읽고 당수에게 이야기를 묻자 실로 애달픈 한 편의 애사를 들려주었다.

지금으로부터 180년 전, 방년 18세인 절세미인으로 만향이라는 이름의 기생이 있었다. 영이란 지금의 도청으로 그곳의 관리인 황규하와 달콤한 연인 관계였다. 네가 백 살까지, 나는 99살까지 맹세했으나 사정이 생겨 황이 경성 방면으로 영원히 여행을 떠나게 되었다. 서로 이별의 눈물을 훔친 것은 두말할 필요도 없다. 그 때 황은 징표로 머리카락을 12, 3가닥 정도 주었고 그녀는 그것을 품속 깊숙이 넣고 꽃이 피는 아침, 달이 뜨는 밤에 그를 떠올리곤 하였다. 어느 날 마을 건달이 만향

이 본래 기생임을 업신여겨 그녀의 정조를 빼앗고자 했다. 만향은 놀라고 두려워 옆의 우물에 몸을 던졌는데 신기하게도 지금까지 맑은 물이 가득 차 있던 우물물이 갑자기 말라 만향은 생명에 별 지장이 없었고 게다가 작은 상처도 입지 않았다.

만향을 우물에서 건져 올리자 우물물은 여전히 가득 차 있었기에 건달들은 두말할 필요도 없고 마을사람들도 모두 만향의 정절에 탄복하였다. 그 후 어느 날 만향은 왠지 기분이 좋지 않았다. 이를 이상하게 여기면서 품속에 숨겨둔 애인의 머리카락을 꺼내 보니, 어찌된 일인지 방금 전까지 검었던 머리카락이 백발이 되어 있었다. 만향은 애인의 신상을 걱정하며 속을 끓었다. 얼마 후 황이 죽었다는 상상도 못했던 비보가 들려 왔다. 만향의 비탄은 실로 다른 이의 눈에도 고통스러워 보였다. 만향은 그 머리카락을 묻고 묘를 만들어 그 옆에 움막을 짓고 3년 동안 마치 하루인양 시묘살이를 했는데 3년이 지나자 그 이튿날부터 곡기를 끊어 버렸다. 이렇게 일세의 미인은 슬프게도 22살의 봄을 끝으로 저 세상 사람이 되고 말았다. 그 때 관의 명에 따라 만향의 절효정열節孝貞烈을 상으로 이와 같이 열녀문을 세웠다고 하니 실로 말하는 이도 애달프고 듣는 이도 슬픈 옛날이야기이다……

(일간 대륙)

유서 깊은 양반집의 외아들, 정일용*은 태어나서 1개월도 못 되어서 아버지를 여의고 게다가 증조부도 조부도 무슨 연유에서인지 결혼하여 아들이 태어나면 얼마 후 어머니보다 일찍 죽어 불효의 이름을 남기었다. 이 슬픈 운명은 드디어 그가 아들을 얻자마자 마찬가지로 그도 숨이 끊어질 것이라는 노모의 청을 받아들여 그도 아내를 맞이하나, 결코 잠자리를 하지 않았다. 어머니도 자식의 심중을 헤아려 굳이 강요하지 않았으나, 어렴풋이 이러한 사정을 알고 있던 꽃과 같은 새 신부의 모습도 애달팠다. 낮밤 마음 둘 곳 없어 애석하게도 말라가는 자식의 몸을 배려한 나머지 어머니는 이를 위로하여 명소 구적이라도 찾아가 마음대로 놀다 오라고 많은 여비와 하인을 붙여주니 친척이 평양감사인 관계로 우선 평양으로 여행을 떠났다.

평양은 물의 고향, 서기瑞氣, 장대, 목단의 연봉으로 둘러싸인 대동강의 장강곡포에 버드나무가 흔들리고 있었다. 강변 절벽에 서 있는 만광정, 부벽루, 복단대 모두 벽류碧流에 그림자를 드리우고 양미만곡凉味萬斛, 여름밤 이 주변에 서 있으면 강 건너편의 홍등녹주 거리에 현가弦歌 퍼지고, 수심가의 애달픈 소리, 유리옥의 전면纏綿한 정서는 나그네의 쓸쓸함을 달래주었다. 정일용도 본래 용모와 재색을 겸비한 선비로 풍류를 즐기고 시가에 능하니 결코 여인을 싫어하는 멋없는 남자는 아니었다. 때로는 화방畫舫을 젓고 때로는 절화반류折花攀柳의 세계를 떠돌고 허심탄회 크게 마시고 잘

노는 일도 있어 명기들이 아름다움을 경쟁하며 그의 앞에 나타났다. 바람이 조금만 불어도 떨어져 버리는 등나무의 백로白露와도 닮은 그녀들이다. 하지만 그는 결국 그녀들에게 한 치의 정도 주지 않았다. 그런데 옥란이라 불리는 재색을 겸비한 아리따운 기생이 그에게 몰래 진실한 연심을 품게 되었다. 온갖 난봉꾼들을 속여 왔던 그녀 옥란도 그의 앞에만 서면 신기하게도 순정한 그녀로 돌아가 버렸다. 그가 냉담하면 냉담할수록 그녀의 연심과 짝사랑은 깊어만 갔다. 어느 날, 그녀는 자신의 애달픈 마음을 고백했으나, 그는 농을 하면서 얼렁뚱땅 넘겨 버리고 상대해 주지 않았다. 이를 마치 기생의 유혹수단처럼 받아들이는 듯하여 옥란은 살을 도려내는 듯 괴로웠다. 어차피 허락받지 못할 사랑이었으니 그도 아마도 괴로웠을 것이다. 이 무렵이었을 것으로 보이나, 옥란이 정일용에게 바쳤다고 하는 연가에

"죽어도 잊지 못하고, 살아서도 사랑 못하고, 잊기도 어렵고 사랑하지도 못하니, 아아 님의 한 마디에 삶과 죽임이 갈리네."

라는 구절이 들어 있다. 꽃이 지고 물이 흐르는 동안 2년의 세월이 흘러 그도 고향이 그리워져 감사에게 작별을 고하고 고향으로 돌아가게 되었다.

그는 울며 매달리는 옥란을 뿌리치고 떠났다. 그가 집에 도착하고 나서 며칠 지나지 않아 옥란은 조신한 모습으로 그의 집을 찾았다. 그는 그녀

---

* 제목에는 정용일이라 되어 있음. 원문이 서로 일치하지 않음.

의 진심에 깊이 감동하여 어머니와 아내에게 사정을 털어놓고 첩으로 동거하게 되었다. 아내도 평범을 초월한 용모의 소유자, 첩은 천하의 명기, 꽃피는 아침, 달 뜨는 밤, 그는 지계持戒가 엄격한 자신의 운명을 비통해 했다. 때로 괴로워하며 몸부림치는 음란한 뱀처럼 그는 번민하였다. 꽃도 반드시 지고, 달도 한번은 지며 지계도 파계도 언젠가는 죽는다. 오고 싶으면 와 보라 하는 심정으로 어느 날 그는 드디어 아내와 침소를 같이 하였는데, 그는 더욱 어머니보다 앞서 가는 불효의 죄와 죽음의 공포에 떨었다. 아마도 그대로 새벽이 올 때까지 참을 수 없었을 것이다. 이튿날 아침 가족들이 눈을 떴을 때 그는 어디론가 모습을 감춘 뒤였다. 어머니의 슬픔, 아내의 탄식, 하지만 옥란의 심중은 알 수 없었으나 그녀는 강했다. 천만무량의 슬픈 눈물을 감추고 어머니와 아내를 달래었다. 비탄의 눈물도 마르고 며칠이 지났다. 옥란은 검은 머리카락을 자르고 비구니승의 모습으로 씩씩하게 어머니 앞에 나타나 "어차피 헛된 몸, 가령 한 줌의 흙으로 사라져 버린다 해도 살아 있는 한 반드시 서방님과 재회하여 함께 돌아오겠습니다."고 맹세하였다. 그 결의에 찬 우아하고 믿음직스러운 모습은 보는 이들에게 감동을 주었다. 어느 날은 동쪽, 어느 날은 서쪽, 시주의 정으로 입에 풀칠하면서 떠 있는 달그림자를 올라다 보고 역시 여심을 발동하여 애달픈 사랑에 소매를 훔치는 일이 한 두 번이 아니었다. 어느덧 1년이 꿈처럼 지났을 무렵, 어느 주막에서 음식을 구걸하고 있던 중 마음씨 고운 노파가 그녀를 몹시 동정하

여 어떠한 사연이 있는지 모르겠으나 실로 아름다운 비구니승이며, 우리 집은 아들 내외와 손자 한 명이 편안하게 살고 있고 스님도 좋다면 잠시 머물다 가라며 청하였다. 그녀도 묘하게도 마음이 움직여 노파의 친절을 받아들여 신세를 지게 되었다. 어느 날 가까운 서당에 다니는 이 집 외아들이 아버지에게 스승에 대한 소문을 얘기하는 것을 듣고 그녀는 깜짝 놀랐다. 내 진심이 통했는지 몰래 자세하게 물어보니 그 용모풍채가 틀림없는 내 님이다. 마침 이 집의 주인이 아들의 스승에게 새로운 담뱃대를 선물한다고 하여 한 계책을 생각해낸 그녀는 자세하게 지금까지의 사정을 글로 옮겨 적어 내일 밤 부디 마을 밖의 성황당 뒤에서 보고 싶다는 내용을 덧붙이고 종이를 끈으로 묶어 담뱃대 안에 넣어 사랑하는 남자에게 전달하였다. 다음날 밤, 그들은 약속한 장소에서 만나 서로 손을 잡고 무사히 집으로 돌아왔다. 아내는 옥 같은 아들을 분만하고 어머니도 건강하여 모두 첩의 기특함을 칭송하였다. 그 밤은 끝나지 않는 이야기보따리에 밤도 점차 깊어져 정일용도 드디어 옥란과 하나가 되었다. 그들의 비애가 드디어 비로소 결실을 맺었으나 운명은 이 가인재자佳人才子에게는 너무나도 가혹했다. 그 밤 그들은 누군가에게 살해당해, 슬픈 청춘의 흔적도 사라져 버렸다. 이로써 그도 또한 갓 태어난 아들을 남기고 죽었는데 이도 옥란에게 인륜에서 어긋난 사랑을 호소하고 보기 좋게 거절당했던 그 주막의 남자가 그들의 뒤를 쫓은 것도 숙명이었다.

(대매조선판大毎朝鮮版)

이런 울트라 연애이야기를 읽으면 기생의 깊은 사랑과 진실성이 농후하게 표현되어 있는데 일반적으로는 이런 이야기는 오히려 예외라고 전한다.

단순히 여인에게만 국한되지 않고 조선인들은 목숨을 건 사랑, 순교적인 신앙이라는 방면의 정열에는 매우 담담한 것 같은데 과연 어떨까. 연애소설 전문 작가인 지카마쓰近松가 만약 조선에서 태어났다면 아마도 천재성을 발휘할 자료가 없어 이름도 떨치지 못한 채 평범하게 저 세상으로 가지 않았을까. 하지만 수백 년간 폭압의 손에 자유를 빼앗고 노예적인 운명에 시달리던 기생 생활에 불같은 연애의 싹을 틔우는 일은 나무에서 생선을 구하는 것과 같은 이치였다. 단, 이는 연애와 신앙에 대한 저자의 감상으로 여타 ×× 방면에서는 정열을 지나치게 불태워 곤혹스럽기조차 하다.

이야기가 샛길로 빠졌는데 결코 고의로 기생의 멋없음을 논할 의도는 없다. 어쨌든 요즘에는 시대를 반영하여 슬슬 기생의 세계에도 정사情死가 발생하기 시작했다. '이렇게도 거짓이 많은 세상에서 죽음만은 진실이어라.'와 같이 정사야말로 유일한 진심일지도 모르나 거기에는 또한 과거 유장한 기분을 대표했던 기생세계에서도 고풍스러운 정조는 점차 아침 안개처럼 사라져 그 후에는 고통스러운 얼굴을 한 현실이 한 손에 채찍을 들고 서 있는 것을 간과할 수 없다.

지나가는 봄의 탄식과 함께 소리 없이 지려는 한 떨기 명화名花가 있다. 그는 경성 화류계에서 금성처럼 빛나는 기생으로 게다가 명가수로도 유명한 조선권번의 박녹주(27)이다. 특히 그녀는 조선의 옛 노래의 본격적인 가수 중 넘버원으로 정평이나 있으며 미성의 소유자로 사랑을 받고 있다. 어찌하여 그런 유명한 가수가 작년 2월 수면제 아로날을 다량 복용하고 목숨을 끊어야만 했던 것일까……. 거기에는 역시 사랑과 돈 문제가 얽힌 비극이 존재한다.

그녀의 일가는 11명으로 그녀의 가는 팔로 생계를 꾸리고 있는 가운데 올해 22살이 된 남동생 박만호를 일본인학교에 통학시키고 화려한 청년시절을 희생하고 그녀는 가족을 위해 열심히 일해 왔으나 이윽고 그녀도 사랑을 알게 되었다.

상대 남성은 조선극장의 지배인 신×× 씨이다. 하지만 신은 화류계의 방탕아로 그녀는 신을 위해 상당한 금액을 쏟아 붓고 사랑의 파국이 두려워 점차 깊게 빠져 갔다. 자동적으로 거기서 등장하는 것은 물질적인 고민이다. 그녀의 아버지는 이 연애에 대해 그녀를 몹시 질책하였고 평화로웠던 그녀의 가정에는 풍파가 일기 시작하여 최근에는 이것이 커져 결국 이 고민에서 벗어나고자 그녀는 마지막 길을 선택한 것이었다.　　　　　　　　　　　　　　　　　　　　　－경성일보

여인의 가는 팔로 11명의 가족을 먹여 살리는 기생에게 사랑하는 정부의 존재는 우선 죽음을 선택하는 것이 정해진 끝일지 모른다. 기생애사에 등장하는 시대상의 한 사례이다.

진남포 후포리 20번지 삼화권번 소속 기생인 한진옥(19)은 부내 용정리 41번지 김정각과 함께 3일 오전 9시 30분, 위 김정각의 온돌방에서 다량의 쥐약을 먹고 동반자살을 꾀하여 고통스러운 하는 것을 오후 4시경 이웃인 김풍선의 처 김씨(39)가 발견하여 즉시 부근의 화산의원 이재영 의사를 불러 응급처치를 했으나 별 소득 없이 여자는 오후 4시 30분경 이윽고 19살의 꽃다운 나이를 마지막으로 허무하게 저 세상 사람이 되고 말았으며 남자는 즉시 도립진남포분원에 입원하여 치료 중이나 생명이 위독하다.

한진옥은 진남포 일류 기생으로 타고난 미모와 뛰어난 가무 등으로 진남포 화류계의 명화로 칭송 받던 명기로 몸은 화류계에 투신했으나 매우 행실이 바르고 나쁜 소문 등도 없을 정도로 성실했으나 약 3개월 전부터 위 김과 사랑에 빠져 서로 열렬한 사랑에 도취되어 부부의 연까지 맺었다. 하지만 두 집안 사정과 경제사정은 두 사람의 사랑의 전당을 만드는 것조차 허락하지 않았다. 그래서 고민 끝에 약 1개

월 전부터 동반자살을 결심하고 기회를 노리던 중, 3일 아침 일찍 남자가 여자를 찾아 둘이서 남자의 집으로 가 침대 위에서 함께 독을 마셨다. 남자는 부내 삼화노동조합의 사무원으로 성격이 온순한 청년인데 지난 6월 본처를 여읜 가정적으로 복이 없는 남자로, 원래 몸도 병들어 무엇이든지 염세관을 품고 있던 중, 위 기생 한진옥과 사랑에 빠졌음에도 떳떳하게 이어질 수 없음을 비관하고 죽음으로 모든 것을 청산하고자 동반자살을 꾀했던 것이다.　　　　　　　　　　　　－경일[2]

×

기보 20일 오전 10시경 노량진 한강 강변에 유류품만을 실은 주인 없는 한 척의 보트가 표류하는 것을 조사한 결과, 경성권번의 기생 우산옥(18)과 부내 동막리 권중한(27)이 같은 날 오후 5시경 한강 유선장에서 젓던 보트임이 판명되어 두 사람이 동반자살을 꾀한 것으로 보이는데 23일 오전 7시 아한강 하류 현석리 하구에서 위 두 사람의 익사체가 서로 묶인 모양새로 떠올랐다.　　　　　　－오사카마이니치[3]

×

전남 고흥읍내 서문리 신명륙(49)은 처자가 있는 몸임에도 불구하고 읍내 남계리 요리점 기생인 계월(23)과 사랑에 빠져 떳떳하게 부부가 될 수 없음을 비관하여 11일 오후 11시경 신축한 형의 집에서 쥐약 두 개를 조선 사발에 물로 녹인 뒤 한잔씩 나눠 먹고 괴로워하는 것을 집주인이 발견하여 의사의 치료를 받았으나 두 사람 모

---

2)『동아일보』1932. 8. 7일자에 동일 내용의 기사가 있음.
3)『동아일보』1932. 6. 6일자에 동일 내용의 기사가 있음.

두 생명이 위독하다.   -오사카마이니치

　참고로 자살 이야기가 나온 김에 적어두면 조선에서는 기생의 장례식이나 비명횡사한 사람의 장송葬送 때는 몇몇 회장자가 고깔을 쓰고 공들인 복장을 하고 피리와 북의 장단을 맞춘다. 재밌고 우습게도 관 앞에서 춤추면서 간다. 장례식의 상여 노래는커녕, 마치 제례의 신여를 마을의 젊은 장정들이 짊어지고 가듯이 다섯 걸음 가서 세 걸음 돌아오고 세 발 나가면 두 발 돌아오는 식으로 천천히 되풀이한다.

　장례 행렬에 악기가 등장하는 것은 꼭 보기 드문 광경은 아니다. 군인의 장례행렬에 '애곡'이 연주되고 법화종의 우치와북団扇太鼓, 후지고의 염불은 내지의 것이라고 하나 조선의 장례행렬에서 요령을 흔들고 곡부哭婦가 상여에 매달려 슬프게 부르짖고 통곡하는 모습은 가령 그것이 한 번의 형식이라도 그곳에는 슬픔이 표현되어 있으나 꽃고깔을 쓰고 익살스러운 춤으로 천천히 전진하는 모습은 언뜻 괴이하게 보인다. 하지만 이것은 이렇게 생전에 불운했던 천한 업종에 종사하던 자나 불의의 죽음을 당한 박복한 자의 영혼을 달래는 것이라고 한다.

기생 기질의
해부

　기생기질이란 무엇인가……를 정의한다면 간단하게 이렇다, 저렇다 단언할 수 있는
입장은 아니나, 어쨌든 천 년이나 존속해 온 한 계통인 만큼, 그 간 부지불식간에 당연
히 어떤 기풍이 배양되었을 것이라 생각한다.

　그런데 그 중 하나는 견식 있는 척하는 것이다. 이는 한편으로 손님의 기분을 맞추
는 예인의 직업에서 흔히 볼 수 있는 것으로 평소에는 매우 온순하나 여차하면 누가
뭐라 해도 자신의 뜻을 굽히지 않고 고집을 부린다. 명인에게서 자주 볼 수 있는 예인
데 기생은 요리점의 젊은이에게 "여보, 이리오너라." "술 가져오너라."라고 여인에게
어울리지 않는 난폭한 말을 쓴다. 하지만 손님에게는 매우 정중하므로 그러한 점은 전
혀 걱정할 필요가 없다.

　내지인이라면 자신이 화류계의 인간이 아니라도 여종업원이나 여주인을 '언니'라 부
르며 요리점의 하인이나 차부에게 '젊은이' 정도의 온정 넘치는 호칭으로 부르나 조선
에서는 기생도 '야!' '여보!' '인력거!'라고 부른다. 자신의 가정에서도 하인에게는 예
인다운 교태 넘치는 태도는 없고 대체로 딱딱하다. 서양인과 비교해 일본인은 말을 지
나치게 구분해서 사용한다고 하는데 조선에서는 상대방에 따라 상하 구별이 지나치게
확연하므로 어딘지 인정미가 없어 보인다.

그리고 기생은 친화성이 부족하다. 이는 조선인들이 가진 선천적인 공통점(?)일지도 모르나 우선 권번 구별에서도 출신 지방을 기초로 한다. 기예도 내지인이라면 교토의 게이샤나 씩씩한 도쿄 후카가와 게이샤도 추며 순진한 에도출신 사람도 유행이라면 야스기부시安来節도 사도오케사佐渡おけさ도 부른다. 빈틈이 없는 리뷰식 댄스, 아리랑도 승무도 이미 자신들의 18번으로 삼아 사양하지 않고 거리낌 없이 팔고 있다. 반면 기생은 경성단가다, 서도잡가다 하여 일일이 기예까지 구분하여 진주가 최고다, 평양이 본고장이다, 아니 경성이……식으로 고향 자랑을 늘어놓고 큰 잔치에서 요리점이 각 권의 기생을 동석시키면 향기를 내뿜으며 2파, 3파 곧바로 노골적으로 각축을 벌인다.

동시에 기생의 비협조성, 고집은 조합 내부의 간부 배척, 임원선거, 대우 개선 등에서 아름다운 눈썹을 곤두세우고 복숭아빛 테러의 첨단을 걸어가는데 일조를 하며 이는 보기 드문 게 아니다. 즉 예부터 전해지는 전통적인 견식, 혹은 과거의 압박에 대한 반역이 그녀들의 목을 꼿꼿이 만든 것이다. 다음은 신문지면에 등장한 각지의 기생 쟁의(?)를 고른 것이다.

진남포…… 진남포 삼화권번 소속 기생 50여명은 수년 동안 두 파로 나뉘어 암투를 벌여왔는데 현재 또 다시 조합장 배척 문제를 둘러싸고 양 파가 분쟁 중이다. 조합장 배척파인 김계홍, 김산옥 외 20여명의 일파는 현 조합장 오주백 씨의 무능을 비난하며 고장 유지인 마×× 씨를 신 조합장으로 추대하고자 운동을 벌이고 있다. 그리고 반대파인 박하옥, 박화연 외 20여명은 현 조합장을 지지하며 기생끼리 다투고 있다.

부산…… 부산부 영주정에 위치한 봉래권번의 기생 30여명은 동 권번 탈퇴조의 기생들과 지난달 말일 동 권번에서 말다툼 끝에 양파의 모든 기생 40여명이 서로 섞여 난투를 벌이고 차고, 때리고 머리채를 잡고 격투를 벌여 결국 쌍방 모두 수명씩 타박상을 입었는데 결국에는 양파가 각자 상대방 전부를 부산서에 고소하여 동서에서는 8일 양파의 기생 전부를 소환하여 취조를 시작하였다.

진주…… 진주 명물 기생은 그 수가 2백여 명이라고 전해지는데 기생권번에 소속되어 있는 자는 약 40명에 지나지 않는다. 그녀들은 매일 자택에서 권번으로 출근하기로 정해져 있는데 비 오는 날 등은 자택에서 권번까지 출근한 후 영업을 나가는 것이 매우 성가시다고 하여 상의 결과, '지금부터 비 오는 날 등은 권번에 들르지 말고 자택에서 곧바로 영업을 나가는 것을 인정해 달라.'고 권번에 요구하였다. 내지인 게이샤와 달리 기생은 선불금이 없는 탓에 권번 쪽도 이 요구를 거절할 수 없어 그 요구에 응한 바, 더 나아가 활동사진 또는 연극 등을 보기 위해 극장에 있는 자도 출근자로 간주하여 손님을 통보해 달라고 두 번째 요구를 했다. 권번 측에서는 과거에 배우와 스캔들을 일으켜 인기가 떨어지고 통제를 깬 자가 있었던 사건이 신경 쓰여 이 요구는 단호히 거절한 바, 기생들은 아름다운 눈썹을 곤두세우고 새된 소리를 지르며 분개하여 동맹휴업을 결행하였다. 권번 측이 즉시 항복하여 기생 등의 억지가 관철되어 즉시 복업하니 문제가 해결되었다.

대구…… 대구 달성권번 소속 기생 일동은 지난 11일부터 과도한 권번수수료에 불만을 품고 대구도 타 지역과 마찬가지로 해 달라고 소란을 피우고, 요구를 들어줄 때까지 일절 요리점에 출근하지 않겠다며 동맹파업을 벌이고 있는데 상황은 점차 험악해져 기생 측에서는 평양, 경성, 도쿄, 기타 지역과 마찬가지로 2할 5부로 해 주지 않으면 일하지 않겠다고 고집을 피우고 있다. 한편 권번 측은 3할 수수료 중 1할 5부를 요리점에 주고 있어 권번은 1할 5부밖에 취하지 않고 있으며 경찰이 1할 2부를 승인하고 있는데 3부는 지금으로부터 5년 전에 기생들이 권번에 기부한 것이므로 3부는 반환해도 상관없으나 법률이 인정하고 있는 수준인 1할 2부에서 더 빼

인력거 위에서 빨간 양산을 쓰고 상아 파이프에 담배연기를 내뿜으며 윤기 없는 수염이 코털처럼 길게 자란 양반들을 내려다보며 지나가는 기생 김용의 역, 『조선만화』, 전남대학교 출판부, 2012

줄 수 없다고 나온 탓에 지금은 해결의 전망이 어두워 부내 각 요정과 인력거꾼은 막대한 타격을 입고 있다.

북청⋯⋯ 함경남도 북청읍내 요정 함신관 소속 기주妓主 10명이 12일부터 단식을 이어가고 있으며 손가락까지 잘라 붉은 피로 맹세하며 기루 주인을 상대로 기생의 방에 불을 땔 줄 것, 목욕을 시켜줄 것 등 처우 개선 요구 11개조를 내걸고 파업하고 있다.

성진…… 성진욱정 부사견루 및 태평루 소속 기생 6명은 기루 주인에 대해 반감을 품고 9일 오후 3시경 검은 머리를 자르고 경찰서에 출두하여 죽어도 기루로 돌아갈 수 없다며 고집을 피우며 시국 문제로 바쁜 경관을 괴롭히고 있다. 배후에 선동자가 있다고 보고 현재 관계자를 엄중히 취조 중이다.

평양…… 10월 8일 분규 중인 기성권번의 마지막 총회에서 터무니없는 난투가 벌어져 일류 기생 허은홍 외 십여 명에게 구타당한 박옥란이 평양지방법원에 고소한 상해사건에 대해 평양지방법원은 1일 조사를 끝내고 허은홍, 한은옥, 한벽모, 콜럼비아레코드 취업을 위해 상경 중이던 한하심 4명에게 유죄 판결을 내리고 2일 공판에 부쳤다.

×

평양의 명기생 한은옥(24), 허은홍(22), 한벽모(26), 한하심(24) 4명에 대한 상해 피고사건을 둘러싸고 8일 평양지방법원은 한은옥에게 벌금 50원, 다른 세 명에게는 벌금 3원의 약식명령을 내렸다. 기생들은 정식 재판을 청구할 듯하다.
평양기성권번 소속 기생에게 20일 아침, 다음과 같은 투서가 도착하였다. "피와 땀으로 이룬 권번을 버리고 주식회사 기성권번에 가입한다니 어찌된 일인가. 오늘 밤부터 객석에 나가는 기생에게는 철권제재를 가할 것이다."

평양에서는 기성권번을 주식회사로 조직한다고 하여 많은 기생들이 반대하여 파업을 벌이고 난투로까지 번진 사건이 발생하였다.

기생계 번영책

끝으로 기생번영책을 하나 소개해 보겠다. 얼마 전에 개가 사람의 언어를 이해하고 물건의 수를 헤아린다 하여 그 개를 학자견이라 칭하고 학술의 참고로 삼으라 하며 각지를 순회한 특지가(?)가 있었다. 서양에는 학자마도 있는 듯한데 개나 말을 인간만큼 교육시키면 개와 말의 노동력을 얻는 인간보다 위대한 공적을 올리니 비록 개는 개이나 학자견이라며 만물의 영장인 인간의 찬사를 받는다. 하지만 그 개는 개 무리에서는 기이한 녀석이고 이단자라며 조소받지 않을까. 칭찬하는 인간도 학자견을 자신들보다 똑똑하다고 생각지 않는다. 그저 개나 말로서…… 고작해야 감탄하는 것이다. 개와 말을 예로 들어 심히 무례한 짓을 저질렀으나 기생이 아름답고 눈부신 고유의 기예에 몰두하지 않은 채 경박한 유행소창, 행진곡을 수박 겉핥기식으로 의미도 이해하지 못하고 젠체하는 것은 가소롭다는 말을 들어도 어쩔 수 없다.

얼마 전 대구에서 71살에 가까운 한 조선 노인을 만났을 때, 그는 흥에 겨워서인지 '오사카를 떠나……'라며 오쓰에부시大津絵節[1]를 한 토막 멋들어지게 불렀다. 신기한 할아버지라고 감탄하였는데 과연 그가 얼마나 우메츄梅忠[2]을 이해하고 있는지 위구심

---

1) 속곡 중 하나. 에도 후기 일본 전국에서 유행하였으며 지금도 계승되고 있다.

이 들었다. 기생이 부르는 내지 노래를 "어떤가요, 잘 부르지요?"라고 자랑하는 안내인인 조선통 중에는 역성이 지나쳐 도리어 기생에게 폐를 끼치는 무리도 적지 않다.

타이완의 생번生蕃이나 남양 토인의 아이들이 초등학교에서 국가를 부르면 굉장히 감탄하는 사람도 있는데 학교에서는 본래 의미도 해석하고 도리도 가르치므로 노래 솜씨의 우열은 있어도 일단 뜻은 통하는데 기생은 내지 노래를 괴상한 싸구려 책이나 레코드로 독학한다. 이 책은 조선서점이 출판한 것으로 오사誤寫, 오역이 많은데 이를 무턱대고 외우며 게다가 조선어에는 탁음이 없는 관계로 한층 더 무리가 생기기 마련이다. 실제로 대본臺本을 언뜻 봐도 짐작하고도 남는다, 그럼 어떻게 해야 할까…….

이것은 기생을 소개하는 것도 예찬하는 것도 아니다. 오히려 기생관계자에 대한 고언苦言이나 굳이 소감의 한 부분을 서술한다.

> 대동강변 부벽루에 산보하는
> 이수일과 심순애의 양인이로다
> 악수논정 하는것도 오날뿐이요
> 도보행진 산보함도 오날뿐이다

세상은 소창小唄 홍수 시대이므로 새로운 것을 고르는 게 오히려 힘들어 오래된 예를 들었다. 이는 자주 불리는 〈장한몽가〉의 한 구절이다. 원작은 물론 〈금색야차金色夜叉〉이며 장소가 아타미의 해안가에서 평양의 대동강변으로 바뀌었고 간이치, 오미야寬一お宮가 이수일과 심순애로 바뀌었지만 줄거리는 거의 그대로인 재탕이다. 또 비슷한 예로 몽 파리(나의 사랑스런 파리)의 노래, 베니스의 노래, 마농레스코의 노래, 술은 눈물인가, 언덕을 넘어서丘を越えて 등은 거의 일본어 유행가를 그대로 조선어로 바꾸어 세상에

---

2) 가부키歌舞伎 · 죠루리浄瑠璃의 제목.

내놓은 것으로 술자리에서 흔히 불린다. 그리고 게 중에는 직역한 것이 적지 않다.

오날은 회사의 월급날인데
월급을 모도다 바다가지고
기생을 살가 갈보를 살가
마누라와 의론하다가 불기마젓네
스돈돈 스돈돈.

조선어로 쓰면 무슨 노래인지 몰라 얼마간 머리를 짜내는 사람도 있을 듯한데 놀랍게도 이는 스돈돈스돈돈이다. 게다가 '오늘은 회사의 월급날……'이라는 가사도 똑같다. 이런 식으로 가다간 기생의 몰락은 시간문제이다. 그러므로 기생의 예藝를 정말로 내지인 방면으로 진출시키고 싶다면, 고유의 가사를 일본어로 번역하여 그것을 재래곡으로 바꾸는 아이디어가 중요하지 않을까. 과거 김소운金素雲 씨가 '시조초역'을 경성일보와 선데이마이치니에 게재한 것을 본 적이 있다.

〈계류〉
청산리 벽계수靑山裏 碧溪水야
수이 감을 자랑 마라
일도창해一到蒼海하면
돌아오기 어려우니
명월明月이 만공산滿空山하니
쉬어간들 어떠리

〈장심〉

청산靑山아 말 물어보자

고금古今일을 네 알리라

만고영웅萬古英雄이 몇몇이나 지내었노

이 후에 묻는 이 있거든

나도 함께 일러라.

〈일제逸題〉

겨울의 햇살을 걷어내고

얼어붙은 당신을 따뜻하게 해 드리고 싶네

초봄 미나리의

맛을 당신에게 보내고 싶네

잊을 수 없는 나이기에

〈청의淸誼〉

당신이 향기 좋은 술을 따라주면

나를 불러 취하게 해주시오

나도 초암에 꽃이 피면

당신을 초대해서 즐겁게 보내리라

백년 천년 변하지 않고

깨끗한 교제를 이어가리다

〈백발白髮〉

중년 되어 이미 늙었으니

젊음에 돌아갈 방법도 없네

오로지 바라는 것은 더 이상

적어도 이대로이고 싶네

아무리 마음이 급해도

발걸음을 멈춰라 백발이여

〈상춘尙春〉

나를 늙었다고 하는 자 누구냐

마음은 늙지 않았네

꽃을 보면 마음이 들뜨고

술잔을 들면 마음이 즐겁네

나는 알고 싶지도 않다 봄바람에

백발이 나부끼더라도

〈역노易老〉

왼손에 가시나무 채찍을 들고

오른손에 지팡이를 늘어뜨리고

가시나무를 늙음의 길에 두고

지팡이로 백발을 쫓아도

교활한 늙음은

앞질러 가서 기다리네

　　김소운 씨는 위 원고에 부기하여 '시조'는 조선시가의 본류인 성형문학으로 만엽집 萬葉集, 고금집古今集과 다르지 않으며 실로 그 몇 수를 초역했는데 서투르고 미숙한 번역 기술을 깊이 질책해 달라.……고 말하고 있는데 원 시의 고아함을 잃지 않으면서 순수 일본어로 번역한 점은 실로 대단하다.

이러한 방면에 특지가가 더 많이 나와 연달아 시작을 발표하여 그것을 재래의 곡에 맞춰 기생에게 준다면, 원문을 이해하고 있는 만큼 자연스럽게 일본어 시조에도 정신이 깃들 것이라 생각한다. 동시에 기존 조선가요는 종류도 그리 많지 않고 가사도 명랑활발함이 부족하여 경사스러운 일을 축하하는 것보다 세상을 비관하는 쪽이 많은 탓에 창작 가요를 모집하여 이 점을 개량해 보면 어떨까.

요컨대 희생을 참고 견디고 이 방면에 노력한다면 스테이지 댄스 등에 애를 태우는 것보다 한층 더 효과적일 것이며, 기생의 진출도 보다 유망하다고 생각한다. 스캔들의 비율이 낮은 지금, 한층 더 분기하기를 바라며 그 밖에 관해서는 다른 열정적인 기생팬의 고견을 듣는 기회를 기다리고자 한다.

찾아보기

한국근대 민속·인류학자료 번역총서 7

근대문화사 읽기로서
조선기생 관찰기

초판1쇄 발행 │ 2013년 11월 8일

지은이 요시카와 헤스이
옮긴이 김일권·이에나가 유코
펴낸이 홍기원

주간 박호원
총괄 홍종화
디자인 정춘경
편집 오경희·조정화·오성현·신나래
     정고은·김정하·김민영·김선아
관리 박정대·최기엽

펴낸곳 민속원   출판등록 제18-1호
주소 서울 마포구 대흥동 337-25   전화 02) 804-3320, 805-3320, 806-3320(代)   팩스 02) 802-3346
이메일 minsok1@chollian.net, minsokwon@naver.com
홈페이지 www.minsokwon.com

ISBN 978-89-285-0500-5
SET 978-89-285-0139-7   94380

ⓒ 민속원, 2013, Printed in Seoul, Korea